18歳からの
「夢を実現する人」
のルール

本田篤嗣

SOGO HOREI PUBLISHING CO., LTD

はじめに

「私には夢がある。でも、どうやればうまくいくのかわからない」

「僕には才能なんてない。結果を出す方法なんて想像もつかない」


誰もが多かれ少なかれ、夢を持っていると思います。

しかし、世の中には、スムーズに「思い通りの結果を出す人」と、一生懸命に努力しているのに「なかなか思い通りの結果が出せない人」が存在します。

なぜ、そのような違いが生まれてしまうのでしょうか。


たとえば、あなたは夢がかなうだけの十分な技術と才能を持っているとしましょう。しかし、それだけでは夢を必ず実現できるとは限りません。

なぜなら、そこには「夢を実現する力」＝「7つの考え方」が必要なのです。

どんなに才能があっても、どんなに技術を磨いても、ただそれだけでは成功することはできません。
本書は、その「望む結果を出すための考え方」を書いた本です。

「この道を行きさえすれば幸せになれる」という正しい道は、今はもう、なくなってしまったように感じます。そんな現代を生きる若い人は、「何が自分にとって、より良い答えなのか」を、自分自身で考えなければなりません。

その、はじめの一歩を踏み出す年齢が、「18歳」なのだと私は考えています。

ある人は大学で勉強しているかもしれませんし、ある人は社会人として働いているかもしれません。状況はさまざまだと思いますが、18歳は「社会との接点が一気に広がる」年齢なのです。

高校を卒業するまでは、親や、先生や学校といった見えないバリアで、社会から守られています。考えてみてください。生まれてから高校を卒業するまでの間に、「社会に出ている」という実感を持てた人はいるでしょうか。

きっと、ほとんどいないでしょう。

ところが、18歳という年齢を境に、このバリアは消えてなくなり、社会という荒波に突然放り出されるのです。

世の中にさらされるということは、自分で選ぶ選択肢が一気に増えるということでもあります。それと同時に、それに見合った責任やリスクも、自分で引き受けなくてはなりません。

良い意味でも悪い意味でも、そこから先は「自分次第」となるのです。


私は、学習塾を経営し、小学生から高校生までを指導しています。多くの生徒に勉強を教える中で疑問に思ったことがありました。それは、「全く同じ勉強のやり方を教えても、成績の上がる子と、上がらない子が出てしまう」ということでした。これは、頭の良さとは別のように感じました。そこで、私は独自に「結果を出す人」についての研究を重ね、ある共通点を見つけることができたのです。

それが、本書で紹介する7つの考え方＝ルールです。

自ら選んだ、夢や目標に向かう道を、実現へと導く力、それが、「7つの考え方」なのです。

このルールを身につけた子ども達は、希望の大学へと進学し、そこで自分の夢をかなえ、幸せな人生を送るための道を順調に歩んでいます。一方、ルールを身につけなかった子ども達は、一流大学に進学していても、自分の望む道を歩めなかったり、幸福感を得られないままの人が多いのです。流されるような選択を繰り返し、やがて訪れる就職活動や、社会人になってからの日々に支障をきたしてしまうこともあるでしょう。

7つの考え方を持っているか、いないかで、18歳からの人生に、少しずつその影響が現れることがあると思います。ぜひ、このルールを身につけ、思い通りの人生を送ってほしいとおもいます。

みな、それぞれの人生を歩まなくてはなりません。

あなたには、あなたオリジナルの人生が待っています。

社会に出て、あなたの才能を生かせるかどうかは、すべて自身の手に委ねられているのです。少し厳しいようにも聞こえますが、バリアを失った状態で、先の見えない社会を、しっかりと自分の足で歩くためには、力をつける必要があるのです。

現実と向き合いながら、夢をかなえていくための考え方を、本書を通じてお伝えすることができればと思っています。


夢を実現し、あなたらしい人生を手に入れるために。

本書があなたのお役に立つことを願っています。

本田篤嗣

18歳からの「夢を実現する人」のルール　もくじ

第2章　意識的なチェンジが成長を加速させる

第3章　壁を越える強さを手に入れる

第5章　フィードバックと反省は似て非なるもの

第6章　フラッグは「続かない」を解消する

第7章　シェアがあなたに革命をもたらす

第1章
誰のため、何のためのゴールなのか

はじめにご紹介するのは「ゴール」についてです。何事においても、あなたが望む結果を出そうとする際になくてはならないもの、それが「ゴール」です。第一章では、ゴールの持つ意味や重要性、さらにはゴールをイメージする方法などを見ていきましょう。

遠くのゴールを意識する

ここで述べるゴールとは、「最終的に到達したい場所」のことです。あなたが到達したい場所をしっかり意識することは、何かに取り組むときにとても重要です。また、「最終的に」ということですから、ここではできるだけ「遠くの地点」を意味することになります。

自分の目指す最も遠くの場所を思い描きましょう。

あなたの行きたい場所はどこでしょうか？　物事をスタートする前に、それをしっかりと意識しておく必要があります。

「ゴールを意識する」なんて、当たり前のことに思えるでしょう。ですが、実際にスタートし、走り始めているのにも関わらず「どこに向かって走っているのか」をわかっていない人というのはとても多いのです。

たとえばそれは、ゴール地点がわからないマラソンをするようなものです。もしくは、ゴールがどこなのかわからないサッカーをするようなものです。

あなたは「そんなバカな……」と思うかもしれません。ゴールがわからないままマラソンを始めるなんておかしな話です。シュートをどこに打ったらいいのかわからないサッカーなど、ただの笑い話でしょう。しかしこれは、実際によく起こっていることです。

ゴールが見えていなければ、自分の望む結果を手に入れることはできません。マラソンで記録を出し、サッカーで得点するには、自分の目指すゴールをしっかりと意識しておく必要があるのです。
ですからまずは、自分のゴールをしっかりと定めましょう。

この話は「一生懸命取り組んでいる人」にとっても、例外ではありません。何かをするときに「とにかく一生懸命やっていればそれでいい」という思考に陥る人もいます。たしかにそれは悪いことではありませんし、がんばるのは良いことに違いありません。一生懸命に何かをすることは本当にすばらしいです。

ですが、もしあなたが結果を出したいと望むなら、それだけでは不十分なのです。

「一生懸命」だけでは結果が出ないワケ

一生懸命に物事に取り組むことはとても大切です。では、なぜそれだけでは不十分なのでしょうか。

書いている私自身、一生懸命やっていればなんとかなるだろう、と思っていました。

しかし、実際には違いました。

目の前のことに必死で取り組んでいるだけでは、思い通りにいかないことや結果が出せないことばかりだったのです。

ですから、余計に「一生懸命」だけでは「足りない」と思うのです。

具体的には、二つのことが欠けています。それは「計画性」と「立ち直る力」です。

まず一つ目は「計画性」の欠如です。ゴールが見えていないということは、そこにいたる道のりを描けないということでもあります。

たとえば山を登るとします。頂上までの道はずいぶんと長いですから、休憩が必要になるでしょう。そんなときにゴールまでの距離が見えていなかったらどうでしょうか。疲れたらその都度休憩する、なんとなく感覚で休憩を入れてみる、ということになりかねません。これでは、その日のうちに山頂にたどり着けるかどうかがわかりません。暗くなって夜道で迷ってしまうかもしれませんし、その日のうちに下山することが不可能になるかもしれません。

ここには計画性がまったくないのです。ゴールを意識するということは、計画性をしっかりと持つことでもあるのです。

二つ目は「立ち直る力」の欠如です。これはモチベーションをいかに維持するかについての話でもあります。

誰でも同じですが、モチベーションを高い状態で維持し続けることは難しいでしょう。「迷いなど一つもない。常にやる気満々だ」という人も、あくまでもそれは表面上の話。やはり誰にでも波はつきものです。

やる気満々なときもあれば、そうでないときもあるのが人。大切なのは、そうした波とうまく付き合いながら進んでいくことです。

「気持ちが向かない」「なんとなくやる気が出ない」というときの支えは、ゴールの存在です。

「そこにたどり着きたい」というゴールへの強い気持ちが、落ち込んだ自分を奮い立たせてくれるに違いありません。

あなたがひどく打ちのめされ、挫折感を味わったときには、ゴールの存在が特に重要になってきます。ゴールを思い浮かべることでふたたびがんばろうという気持ちになれる。一種の栄養剤のような役割をゴールは果たしてくれるのです。

逆にいえば、明確なゴールを意識せずに立ち直るのはほとんど不可能に近いとも言えるでしょう。

ゴールを意識しないことは「計画性」と「立ち直る力」の欠如を生み出します。だからこそ、まずはゴールへの意識をしっかりと高めておく必要があるのです。

ゴールは「場所」であり「在り方」

では、ここで言及しているゴールとはどういうものでしょうか。

ゴールには二つの要素があると思います。


一つ目の要素は「場所」です。あなたが行きたい場所であり、あなたがいたいと思える場所のことです。

考えてみてください。**あなたは、将来、どんな場所にいたいですか？　どんなことをしたいですか？　どんな人と一緒にいたいですか？**

あなたがいたい場所とそこでとっている行動、出会う人やあなたを取り巻いている人を想像してみてください。これによって、あなたのゴールがはっきりしてくるはずです。

また、こうして思い描くことであなたの望みも、より明確になっていきます。

自分は何が欲しくて、どうなりたいのか。場所を思い描くことで、自分の望むものが明確になるのです。

これがゴールの要素の一つである「場所」です。

そして、もう一つの要素は「在り方」です。ここで言う「在り方」とは、あなたが「どんな自分でいたいか」ということです。

ゴールというと、どうしても一つ目の「場所」だけを考えてしまいがちです。しかし、望む場所に到達した際には、必ずあなたも「その場所にふさわしいあなた」になっているはずです。

ですから、「場所」をイメージすると同時に、「その場所にいるあなた」がどんな風であるか、つまりあなたの「在り方」をイメージしてほしいのです。

では、イメージしてみてください。**あなたは行きたい場所に到達したとき、どのような自分で「在りたい」ですか？**

それは「いつも笑顔で優しい自分」かもしれませんし、「強く堂々とした自分」かもしれません。ほかにも「礼儀正しい自分」「言葉遣いが美しい自分」「他人を思いやれる自分」「周囲から愛される自分」など、いろいろと出てくるのではないでしょうか。

ゴールの場所を想像するのと同時に、そこにいる自身の「在り方」もイメージしてみてください。

遠くの場所であるということ

ゴールの要素は「場所」と「在り方」であると述べました。

ではそのゴールを設定する位置ですが、これはできるだけ「遠く」に設定する方が良いでしょう。

ここで言う「遠く」とは、主に二つの意味を含んでいます。**一つは「時間的」に遠いということ、もう一つは「距離的」に遠いということです。**

「時間的」に遠いゴールとは、長期的なゴールのことです。

明日や、一週間後などのような短期のゴールではありません。

後で述べますが、短期的なゴールももちろん必要です。三日後までにこうしよう、一週間後までにこうしよう、と考えることも大切です。

ですが、まず最初に意識してほしいのは長期的なゴールです。それは近くても一、二年後。できれば三年後、五年後、十年後をイメージしましょう。

「そんなに先のことなんてわからない」と嘆く人もいるでしょう。もちろん誰にとっても、あまりにも先のゴールを想像することはたやすいことではありません。ですが、それでもあえて意識をするよう努めてほしいのです。

もう一つの**「距離的」に遠いゴールとは、いわばスケールが大きなゴールです。**

今の自分からは想像もできないくらい大きなゴールが「距離的」に遠いゴールと言えるでしょう。たとえば、仕事なら「ソニーの社長になる」だとか、スポーツなら「世界ランク1位になる」といった具合です。道のりが長くて、とてもではないけれど、たどりつけそうにないもの。それが「距離的」に遠いゴールです。
到達不可能と思えるくらいものが、あなたのゴールとしてふさわしいのです。

遠いからこそエネルギーが大きい

ではなぜ、そうした「時間的」「距離的」に遠いゴールが必要なのでしょうか。
それは、**ゴールが遠い程に、あなた自身のエネルギーが大きくなるからです。**エネルギーが大きくなればなるほど、ゴールに到達する可能性は高くなります。だから、ゴールは遠い方が良いのです。

たとえばこうです。ゴムの一方を鉛筆に括り付け、もう一方をボールに括り付けます。そして、鉛筆を手で固定したまま、ボールを引っ張るのです。するとゴムはビュウっと伸びます。ここで鉛筆から手を離すと、鉛筆は勢い良くボールに向かって飛んで行きます。ゴムが伸びれば伸びるほど、両者の距離が遠ければ遠いほど、その勢いは増すのです。

ここでの鉛筆があなた自身であり、ボールがゴールです。ゴールを遠くにイメージすればするほど、両者の距離が離れれば離れるほど、互いに引き合う力が大きくなるのです。

つまり、あなたが遠くのゴールをイメージすればするほど、それを欲する力は大きくなります。遠くのゴールがあなたのエネルギーを高めてくれるのです。

ですから、より遠くのゴールをイメージすることが大切なのです。

高いモチベーションとその維持

エネルギーの大きさについて理解できれば、遠くにあるゴールが、モチベーションの維持に効果を発揮することも理解しやすいのではないでしょうか。

何事にもモチベーションは関わってきます。そして、波が当然あります。良いときも悪いときも、やはりあるのです。ですから、物事に取り組む際には、モチベーションをいかに保つかが要求されます。

モチベーションが下がっているときに、物事とどう向き合うかは、非常に難しい問題です。

努力してもうまくいかず、やる気を失ってしまうときは誰にでもあるでしょう。そんなときに、自分を励まし奮い立たせてくれるのが「遠くにあるゴール」です。「だめだ」と思ったときこそゴールを意識し直すのです。

たとえば、思い描いたゴールを紙に書いておいて、弱気になったときはそれを見直してみることも効果的でしょう。また、普段から見えるところに貼り出しておくのも良いでしょう。自分のゴールを声に出して読んでみるというのもおすすめです。

遠くにあるゴールが、きっとあなたの高いエネルギーを呼び戻してくれるに違いありません。遠くのゴールを意識することが、日々のモチベーションの維持やコントロールに、重要な役割を果たすのです。

五感を使った「イメージする力」のトレーニング

ここまで遠くのゴールを意識することが、とても重要だと書いてきました。

ところが、「イメージするのは簡単じゃない」「具体的にイメージできない」と思う人がいるかもしれません。ましてや、先のことをイメージするとなると難易度は高そうです。

ここには「イメージする力」についての問題が潜んでいます。

こうして書いている私も、昔はイメージすることが苦手でした。振り返ると、ずいぶん想像力に乏しい子どもだったように思います。大人に、未来について想像しなさいと言われても、ピンとこないというのが本音でしたし、楽しいストーリーを想像してみたり、何かを作ってみたりなどは大の苦手でした。

それでもあえて、あなたには、「イメージすること」の重要性をお伝えしたいのです。どんなにイメージすることが苦手であっても、トレーニングしていくことでできるようになると知ってもらいたいのです。

では、どうすればイメージする力を高めることができるでしょうか。

一番大事なのは、普段からイメージすることを面倒くさがらないことです。頭を使うことは、それなりに苦しいこと。ですがそれを嫌がってばかりいては力はつきません。普段から、想像すること、イメージする力をはたらかせることを心がけてみましょう。

何をどう想像していいのかわからない人のために、実践例を挙げておきましょう。

まず「明日の私」をイメージしてみてください。

一日しか経っていなくても、明日のあなたは今日のあなたとはどこかが変わっているはずです。その変わったところはどこなのかを想像してみましょう。

性格が少しだけ優しくなっていたり、言葉遣いが良くなっていたり、苦手なことができるようになっていたり、それまでやっていた習慣をやめてしまうこともあるでしょう。小さな変化に着目し、小さな未来を見つめてみるのです。

大きなことをイメージするのは難しいかもしれませんが、「ほんの一日だけ未来に生きる私」を想像することは決して難しくはないはずです。

それができれば、次に「一週間後の私」をイメージしてみましょう。さらには「一ヶ月後の私」「一年後の私」も想像してみましょう。

こうして少しずつ現実とイメージとの距離を伸ばしていきます。

イメージすることはどんなものでもかまいません。嫌がらず頭をはたらかせてみるようにしましょう。


イメージする際のポイントは「五感をフル稼働させる」ことです。

五感というのは「視覚」「聴覚」「触覚」「嗅覚」「味覚」のこと。それらをフルに使ってイメージするのです。

たとえば、一年後の自分について具体的に想像してみてください。

あなたはどんな場所にいますか？　そこで何が見えますか？　周囲を見渡してみてください。

もしあなたが海辺にいるならば、目の前に広がるきれいな砂浜と赤い夕日に照らされた光輝く海がみえるでしょう。では、そこでは何が聞こえますか？　耳を澄ませてみてください。

波の音やカモメの鳴き声、遠くに響く汽笛の音が聞こえてくるでしょうか。もしかしたら隣にいる誰かが話しかけてくる声が聞こえてくるかもしれません。こうしてどんどん五感をはたらかせてみてください。

匂いは？　手触りは？　味は？　五感を意識することで、さまざまなものが自分の中に流れ込んでくるのを感じることができるはずです。

イメージを全身で感じてみましょう。それが五感をフルに活用するということです。

五感をしっかりとはたらかせることができたら、今度はそこに「感情」を付け加えてみましょう。

イメージが膨らんでくれば、そこにはなんらかの「感情」や「気持ち」が生まれてくるはずです。イメージの中にいる自分はどんな感情を持っているでしょうか。「うれしい」「楽しい」「すがすがしい」「誇らしい」といったさまざまな感情が浮かんでくるでしょう。

それらをイメージの中にしっかりと付け加えてみてください。

このように**「五感」と「感情」を使うことで、イメージする力は着実にあがっていきます。**「イメージする力」はトレーニングで誰にでも伸ばせる能力なのです。

もちろん、イメージが苦手だった私も例外ではありません。今や曲を書いたり、歌詞を書いたり、こうして文章を書いたりしています。そしてもちろん一経営者、一ビジネスマンとしても、クリエイティブなアイディアを出し続けています。すべてイメージする力によるものだと言っても過言ではありません。

イメージする力がつくかつかないかは、まさにトレーニング次第です。あなたにも自信を持って取り組んでほしいと思います。

ゴールはあなただけのもの

ゴールを描く際に忘れてはならないことがあります。それは、**ゴールはいつもあなただけのものであるということです。**それは親のゴールでもなければ、友人のゴールでもありません。

あなたが向かおうとしているゴールは、あなた自身が行きたい場所なのです。当たり前のように思われるかもしれません。ですがあえてこうして書いているのは、あなたのゴールが、他の誰かの望むゴールにすり替わっている可能性があると知ってほしいからです。

もちろん、ゴールに到達した際には共に喜びを分かち合う家族や仲間の存在があるかもしれません。そういう意味で、ゴールは共有＝シェアできるものではあるでしょう。

しかし、まずは「あなただけのゴールを抱く」ということを忘れないでほしいのです。

人間は、その文字が表す通り、まさに「人」と「人」の「間」に生きる生き物です。他人がいて初めて人間なのです。他者の存在なしには歩んでいけない生き物だと言ってもいいでしょう。

だとすれば、知らず知らずのうちに他人の影響を受けてしまうことはごく自然なことなのです。

あなたのゴールだって同じです。あなたのゴールも知らないうちに誰かの影響を受けているのです。

もちろんそれがすべて悪いということではありません。

ですが、自分が本当は「どこに行きたいのか？」「どんなゴールを目指しているのか？」ということを意識し続けなければ、自分のゴールが他人のゴールにすり替わってしまうことだって起こりうるのです。

特に影響を受けやすいのは、より身近な存在である親からです。次に兄弟や友人です。身近な存在であればあるほど、あなたのゴールはその人の影響を受けやすいことを頭に入れておかねばなりません。

ゴールはいつもあなただけのものです。

時には、周囲の人たちにあなたのゴールを受け入れてもらえないこともあるでしょう。やめなさいと諭されることも、きっとあります。あなたを大事に思えば思うほど、その人はあなたの望まない道を提示してくることになるでしょう。

たとえば、あなたが教師になりたいと思っていたとします。しかし親はそれには反対で、弁護士になりなさいと言う。

こうしたことは頻繁に起こるでしょう。それでもブレることなく、あなたは自分のゴールを持ち続けなければなりません。もちろん、親の意見に耳を貸さなくていいということではありません。あなたのことを思っているからこそ、アドバイスをしてくれているのです。

ですから、そういう人にこそ最大の感謝をし、しっかりとその意見にも耳を傾けなければなりません。その上で、自分のゴールについて自分の頭で考えることが大事なのです。

親が弁護士になりなさいと言ったところで、実際になるのはあなた自身です。アドバイスをした親がなるわけではないのです。

あなたのゴールはあなただけのものであって、あなたにしか決められないもの。どのような選択をするにしろ、そのことだけは常に頭に入れておいてほしいと思います。

ゴールには「目的」がある

ここまでゴールを意識することについて書いてきました。あなたの頭の中にもイメージが膨らんできたでしょうか。そのゴールとセットでもう一つ考えてもらいたいのが「目的」です。

前述の通り、ゴールとは「場所」であり「在り方」です。そしてそのゴールには、必ずセットとして「目的」が存在しているはずです。

ティーカップとソーサーがセットであるように、箸と箸置きがセットであるように、ゴールと目的は常にセットでなければなりません。

目的のないゴールこそ、他の誰かの望むものにすり替えられている可能性があります。

今一度、本当に自分の望んでいるものであるか、見つめ直してみてください。

目的というのは、それを行う「理由」です。そのゴールに付随した「なぜそこに到達したいのか」こそが、あなたの「目的」ということになります。

ですから、常にこう問うてほしいのです。

「私はなぜこれをするのだろうか？　なぜそこに行きたいのだろうか？」と。

大企業の社長になりたいというのであれば、それはなぜでしょうか。あの学校に入りたいのであれば、試験に合格したいのであれば、それはなぜでしょうか。そうしたことを常に問うてみてほしいのです。

どの答えが正しいということはありません。正解はないのです。大切なのは、**「正しい答え」を出すことではなく、常に「なぜ」を考え続けることなのです。**

なぜ正解がないのでしょう。それは、そもそも設定するゴール自体が仮置きだからです。

考えてみてください。小学生の頃に「私はこうなりたい」と思っていた夢や目標があるとして、それが永遠に正しいゴールであると言えるでしょうか？　それと同じように、高校生や大学生の頃に正しいゴールを設定できなくても良いのです。

野球選手のイチローのように、小学生の頃から目指していたゴールにまっすぐに進めた人というのは、非常に珍しいのです。実際にはそんな大人は、ほとんどいません。

ですから、始めに設定したゴールを目指すことが、正しいわけではありません。むしろ、ゴールというものは、時間と共に変わっていくものです。だからゴールは仮置きであってもいい。いや、自然と仮置きになると言った方がいいかもしれません。

正しいゴールがない以上、正しい目的などあるはずがありません。あなたにとっての「なぜ」は時間とともに変わってゆくかもしれません。でもそれでいいのです。大切なのは常に「なぜ」と自分自身に問いかけながら、ゴールに向かうということです。

考えることを止めずに、イメージし続ける。自分にとってのなぜを考え続ける。

そこにこそ、未来を生み出す力が宿っているのではないかと思います。

第２章
意識的なチェンジが成長を加速させる

第一章では、ゴールへの意識をしっかり持とうと述べました。次にチェンジへの意識について話を進めましょう。

「チェンジ」とは「変わること」です。

「夢を実現させたい」「結果を出したい」と思うのであれば、自分自身の変化を受け入れなければなりません。変化なしに、欲しい結果は手に入らないのです。

ゴールへの意識と同様に、チェンジへの意識も多くの人が見落としやすいものの一つです。実際に、「変わること」を強く意識しながら日々を送っている人は少ないでしょう。さらに輪をかけて、自分を変えること自体が大変難しいのです。

しっかりとチェンジへの高い意識を持って、物事に取り組んでいく必要があります。

成長の階段

ゴール＝夢や目標へ向かおうとするとき、あなたは間違いなく「成長の階段」を上ることになります。

望む結果が出てきたときに、単純にやり方が上手かったということもあるでしょう。スケジュールの立て方や準備の方法などが上手になれば、それに伴って良い結果が出るでしょう。

そこで大事なのは、技術が向上したときに、あなたの中で何が起きているかです。腕を磨いて技術が上がったという表面的なことだけではありません。**あなたの内面の深い部分で、何かが起きているのです。**

それが大きな意味での成長です。

物事の結果というのは、一つの表面的な現象にすぎません。

何かに取り組もうとするとき、成長という目に見えない変化が起きているのです。

技術を磨き、望む結果を出すことも重要ですが、それ以上に大事なのは「あなたの成長」なのです。もしそうでなければ、結果が出なかった際には、取り組みや、費やした時間は無駄だったことになってしまいます。

たとえば、あなたがオリンピックに出場する体操選手だとしましょう。

あなたは日々の練習で技術や体力を向上させていきます。よりよい練習方法も会得するでしょうし、演技も上達するはずです。

けれど、すべてがパーフェクトにはいきません。うまく上達しないことだってあるでしょうし、本番で思い通りの演技ができないかもしれません。

確かに結果は大事です。

ですが、あなたにとって本当に重要なのは、結果だけなのでしょうか。それが「すべて」なのでしょうか。

あなたは狙っていたメダルを逃してしまった。そのとき、試合後のインタビューにどのように答えますか？

「狙っていたメダルも取れず、まったくもってだめな結果だった。今までやってきたことには意味がないし、得るものなど何一つなかった」

と答えるでしょうか？　たぶん違うでしょう。

あなたは結果以外のところに大切な何かを見いだすに違いありません。結果が大事だったはずなのに、結果が出なくてもそれはそれで良かったということです。

よく考えてみるとこれはとても不思議なことです。

結果がすべてであるならば、あなたは「すべてだめだった。意味がない」と答えるはずだからです。

ではなぜそのように考えないのでしょうか。**なぜならそこには「成長」があるからです。**厳しい練習や試合を通じて、あなたは技術や体力だけではない「あなた自身の成長」を感じているはずです。

だから「意味がない」などとは決して思わないのです。

あなたは過程とそれによる結果の中から、自分自身の成長という大切なものを見いだすことになるのです。

成長とは変わること

このように、真剣に何かに取り組んだならば、あなたには結果と共に成長がもたらされます。キャラメルを買ったら、おまけにおもちゃがついてきた感じでしょうか。しかも、おまけの方がより重要なのです。それが成長です。

成長には、「変わること」が必要不可欠です。変わることなしに成長などできるはずがないのです。

成長とは、あなたが別のあなたになるということです。

たとえば、昨日できなかったことができるようになる、それが成長だとすれば、昨日のあなたとは別人でなければなりません。

だってそうでしょう。まったく同じあなたであれば、昨日できなかったことが突然できるようになるはずはないのですから。

昨日、二次関数の問題が解けなかったあなたがいます。昨日と同じあなたが今日もいるならば、当然、今日も二次関数は解けません。

できるようにするためには、問題を解けなかった昨日のあなたとは、まったく別のあなたがここにいる必要があるのです。

極端な言い方に聞こえるかもしれませんが、成長とはそのくらい極端なものなのです。いいえ、極端でなければ成長できないと言ってもいいかもしれません。

誰にとっても変わることは怖いことです。怖れは誰にもあるでしょう。ここで言及している変化への恐れは、生物として生き残っていくための本能レベルの恐れです。遺伝子レベルで生まれ持っている怖れを完全に拭うことなどできません。

だからこそ、変わるという意識は極端なくらいでちょうど良いのです。

成長とはあなたが劇的に変わっていくということです。

変わり続ける人

人というのは非常に変わりにくい生き物です。変化にはマイナスイメージがつきものだからです。

周囲から「あいつは最近変わった」と言われるとなんとなくいい気がしないものです。「言うことがコロコロ変わる」というのもいい意味の言葉ではありません。「朝令暮改《ちようれいぼかい》」という言葉もあります。朝出た法令が夕方には変更されてアテにならない様を表しています。このように、変わることはマイナスのこととして捉えられることが多いように思います。

逆に、「私は変わらない」と言えば、意志が強く信念にあふれる人のように思われますから、変わらないことがプラスにとられる場合が多いのです。

昨日までの自分をなんとか引き継ごうとするのも人間の特徴です。

突然ですが、質問です。あなたは昨晩、睡眠をとりましたか。今日のあなたは昨日のあなたとまったく同じだと思いますか。

多くの人は「間違いなく自分は自分だ、何も変わってはいない」と答えるでしょう。でも、本当にそうでしょうか。

人の細胞は日々新しく作られています。古い細胞は新しい細胞と徐々に入れ替わっていきます。ほんのわずかであっても細胞は常時入れ替わっているわけですから、昨日と今日の自分がまったく同じだと言える人間はいないことになります。

それでもあなたは「そんなの些細なことじゃないか」と言うかもしれません。でも、それが一週間、一ヶ月、一年間、続いているとしたらどうでしょうか。

一年後のあなたは、もはやまったく別の細胞を持った新しいあなたなのではないでしょうか。そうです、私たちは細胞という身体の次元で、常に変化し続けている生き物なのです。**私たちは変わり続ける生き物なのです。**

しかし、意識の面で「朝起きたら別の人」になってしまっては、日常生活に支障をきたします。だから、意識の上では「今日も同じ自分なのだ」と信じ込もうとします。「私は私。昨日と何も変わっていない」と思い込むというような意識付けを毎日行っているのです。意識（ここではいわゆる脳）のはたらきで、私たちはなんとか自分を維持しています。

このように、**変わり続けている自分をなんとか今日もつなぎ止めようとするのが人なのです。**

そう考えると、変わることへのハードルは低くなるように思えませんか。

変わらない子どもたち

私は、私の経営する塾で、長年子どもたちの勉強を見てきました。

子どもたちの中にも「変われない」せいで、勉強を思い通りにできない子がたくさんいます。自分が「変われない」ことで勉強がうまくいかないのです。

授業の中で実際に起きていることを紹介しましょう。

先生が生徒にノートを取るよう指示を出したとします。ごく自然な指示でしょう。しかし、板書を写すのを頑なに拒む子がいるのです。何度指示を出しても、うなずくだけでやらない。

誤解のないように書いておきますが、これは「やる気がない子」の話ではありません。あくまでも勉強をがんばろうと前向きに取り組んでいる子の話です。

多くの子が、自分のやり方を変えることを拒むのです。

こうした細かい指示やアドバイスに従えるかどうかが、自分を変えられるかどうかの目安になります。


解答欄に記入した文字が非常に汚いので消してからもう一度書くよう促す。

子どもは聞いているような、聞いていないような態度でやり過ごす。

ノートの文字が小さすぎるので大きくしてみたらどうかとアドバイスをする。

一応「はい」と返事はするけれど、やらない。

計算問題の途中式を書いていないので「ココとココは書いて」と促す。
けれども、やはり次の問題でも式を書かない。

このように非常に小さな指示やアドバイスにも、頑なに自分のやり方を固持するのです。

悪いことに、このように小さな事柄から積み重なった「無変化」は、時間の経過と共に、その人を固定する方向へと向かわせます。

せっかく勉強を教えてくれる先生がいて、かつ自分は一生懸命学ぼうとしているのに、変わることへの意識の欠如が、知識や技術の習得を阻害するのです。しかも、それが習慣化され固定化されると、もはやその子は変わりようがなくなってしまいます。

くどいようですが、これは作り話などではなく、相当数の子どもたちに実際に起きていることなのです。

もちろんこれは子どもたちだけのことではありません。

大人は、過去の経験や身に付いた習慣を捨てづらいため、変わることが難しいと言われます。

ところが実際は、子どもも大人同様、そう簡単には変われません。

明らかに人生経験も少なく、身に付いた習慣や価値観も、それほど固定化されていないはずですから、変わることなど簡単そうに思えます。

しかし、築いてきた価値観や身に付いた習慣から脱却することは容易ではありません。

大人も子どもも「変わる」ことは難しいのです。

一言で言ってしまえば、「変わる人は、大人であっても子どもであっても変わる。変わらない人は、大人であっても子どもであっても変わらない」ということです。

あなたはどちらになりたいですか。私はぜひ、あなたには「変わることのできる人」になってほしいと思うのです。

今、本書を読んでいるあなたも、ぜひ、一度自分の日常に立ち戻って、周囲からのアドバイスを受け入れているかどうか振り返ってみてください。

たとえどんな小さなことであっても、見逃してはいけません。

むしろ小さなことだから大切なのです。**変化は非常に小さな箇所からすでに問われているものなのです。**

知ることは変わること

学ぶことの意味の一つは、「知る」ということです。

今まで自分の知らなかった言葉や価値観、世界観などを知るのもそうでしょう。知ることを通じて新しい発見があなたにもたらされるに違いありません。学ぶことで手に入る結果とは、試験をパスしたり、評価を上げるだけではありません。学ぶことを通じて、新しい知識や価値観が手に入るのです。

では、「知る」という行為はあなたに何をもたらすのでしょうか。

一つは、「喜び」や「感動」です。

新しい何かを知ることで心がふるえる体験をした人も多いでしょう。知ることは楽しいですし、わくわくします。ぜひあなたにも知ることで得られる感動を味わってもらいたいと思います。


もう一つが「変化」です。

つまり、**「知る」ことは「変わる」ことでもあるのです。**

今まで知らなかった知識に触れることは、新しい世界を知るに至ったことを意味します。なぜ新しい世界を「知る」ことが、「変わる」ことへとつながるのでしょうか。例をあげて考えてみましょう。

あなたの隣の家には一人のおじいさんが住んでいます。

おじいさんはいつも穏やかでニコニコしています。家の前で顔を合わせるたびに優しい笑顔で挨拶をしてくれます。

あなたは、おじいさんがどういう人でどういう人生を歩んできたのかをまったく知りません。知らないけれどいつも優しく話しかけてくれるおじいさん。

おじいさんは、あなたがこぼす愚痴を、穏やかな表情で「うんうん」とうなずきながら聞いてくれます。


ある日、あなたは、ひょんなことからおじいさんの人生を知ることになります。

おじいさんは、戦争でお父さんもお母さんも亡くしていました。身よりのないままに施設を転々として、なんとか大人になるまで生き抜いてきたのです。

今の家に引っ越してきたのは、奥さんと結婚をしてからです。子どもは二人、息子と3つ違いの娘がいました。二人とも明るく人懐っこい性格で元気に毎日を送っていました。

ところが、息子が12歳の時の家族旅行で、不幸にも交通事故に遭ってしまいます。おじいさんは一瞬にして奥さんと二人の子どもを失ったのです。またしても一人で生きる人生が始まります。

不幸のどん底に落とされたおじいさんは、それでもなんとか、76歳になる現在まで一人で強く生きてきたのだというのです。

どうですか？　これまでの穏やかで優しいおじいさんの印象が、背景を知ることで１８０度違って見えませんか。その笑顔には、優しさだけでなく力強さも感じられるかもしれません。

「一人で寂しいのかもしれない」「私を我が子のように感じて、大事にしてくれていたのかもしれない」。おじいさんとの挨拶や話す内容、いたわる心にも動きが生じるのではないでしょうか。

新しい知識を得ることで、心は変化していきます。知ることは、変わることなのです。おじいさんの生きてきた道を知ることで、おじいさんの笑顔も人柄も、あなたの中で大きくその意味を変えたのです。

知ることで目の前にあるものの意義は大きく変化します。同時に、知ることはあなたの心をも劇的に変える可能性を秘めているのです。

学ぶことで変わること

知ることが変わることであるならば、学ぶことでもあなたが変わるのは、必然です。逆に、もしあなたが何かを学んでもまったく変わらないのであれば、それは本当に学んでいるとは言えません。

先述した通り、実際に塾に通ってくる子どもたちの中にも、変わらない子が多く存在します。それがどれほどもったいないことかわかるでしょうか。

多くの時間を、せっかく勉強に費やしても、肝心なところが抜け落ちているのです。

学ぶことは、新しい何かを知ることであり、それによって自分が変わることなのです。そう考えると、子どもたちは勉強に取り組む中で、「自分自身を変えていくのだ」と意識する必要があるとわかるのではないでしょうか。

ノートの取り方を指示されたら、それをまずはやってみる。勉強法のアドバイスを受けたら、まずはそれをやってみる。計算式を書いた方が良いと言われたら、まずはそのようにやってみるのです。

頑なに自分のやり方を固持していても仕方がないのです。

まずはやってみることです。自分のそれまでのやり方を変えてみるのです。ひたすら自分の過去のやり方に固執し現状維持をしてしまっては、知ることも変わることもできません。変わるという意識を持って勉強を進めていきましょう。

変わることの三つの注意点

では、「変わる」という意識を持つ際に気をつけることは何でしょうか。

具体的な注意点は三つ、**「変わることへの意識を明確に持つこと」「変わることはプラスであると前向きに捉えること」「変わり続けること」**です。

ではそれぞれ順を追って見ていきましょう。

一つ目は「変わることへの意識をはっきりと持つこと」です。

変わることは誰にとっても難しいことですから、変化を意識しないまま淡々と物事に取り組んでいると、現状維持に向かいがちになってしまいます。ですから、**まずは変わろうとはっきり意識することが大切です。**

些細な変化でも構いません。大事なのは意識しておくことです。今日はいつもとノートの取り方を変えてみるだとか、普段使っているボールペンを変えてみるといった小さな変化で良いのです。どんな小さなことでも構いませんから、まずは変わるのだという意識を自分の中にはっきりと持ちましょう。

そして現状維持に走りそうな自分を見つけたら、立ち止まって目の前で起こっていることを見つめてみましょう。

現状よりも、もっと良い手や、新しいやり方があるかもしれません。

変化はいつでもどこでも、どんなものでも起こせると信じて、**常に新しい道を探る習慣を身につけていきましょう。**


二つ目は「変わることはプラスなのだと前向きに捉えること」です。

変わることにマイナスのイメージはつきやすいものです。普段から小さなプラスを積み重ねていかなければ、そうしたイメージは払拭できません。周囲の声に惑わされることなく、変わることを喜びとし、プラスのイメージをつけていきましょう。

始めは、周囲からマイナスの言葉を浴びせられることがあるかもしれません。でも、怖じ気づいてはいけません。

多くの人が変化を怖れています。そして変わってゆくあなたをうらやましくも思うのです。だから周囲の人たちは無意識のうちにあなたの足を引っ張る行為に走ります。気にしてはいけません。そんなときは「周りの人は怖がっているのだ。そして寂しいのだ」と考えておけば良いのです。そうしてあなたは自分の変化を前向きに捉え、変化を恐れることなく進んでいくのです。

三つ目は「変わり続けること」です。

何かきっかけがあったときに一度だけ変わればそれでいいというものではないということです。つまり、**継続的に変わっていくことが重要なのです。**

日々、変化を続けることを意識してみてほしいと思います。毎日ほんの少しでいいのです。小さなこと、些細なことでかまいません。小さな変化を積み重ねるのです。

私は「あのとき、あの瞬間にすべてが変わった」というミラクルな現象をあまり信じていません。あなたも「あのとき、一冊の本を読んですべてが変わった」とか「あのとき、あの人の言葉で私の人生は変わった」という話を聞くことがあるのではないでしょうか。

特別に短い時間スケールの中で、奇跡が起きた、人生観が変わったというようなことは必ずしもゼロではないでしょう。ですが、皆が同じように「ミラクルな瞬間」「奇跡的な０・１秒」に期待を寄せる必要はありません。むしろそうでない方が良いと思います。変わるのは一度切り、と決める必要などないからです。

一度の大きな変化に言及する人は、二度目がないことをも暗に公言してしまっているとも言えます。

変わることが一度しかない人生が、本当に学びあふれる人生だと言えるでしょうか。だからここではあえて、ミラクルな時間に期待しないでほしいとあなたに伝えておきたいのです。

ほとんど当たる可能性のない宝くじがずっと当たらないからといって、だめな人生だったと決めつける必要などありません。もしくは、一度宝くじがあたったからといって、それで満足して終わりという人生も寂しいものです。それよりも生きるという長い時間スケールの中で、小さな変化を継続し続けることの方がよっぽど重要なのです。

生涯を通じて変わり続ける意識を持ちましょう。大切なのは「変わり続ける」ことです。

変えるのは「考え方」と「行動」

さて、ここまでは変わることについて書いてきました。

では考えてみてください。「変わる」とは一体何が変わることなのでしょうか。

何を変えることが「変わる」ことなのでしょうか。

それは**あなたの「考え方」です**。成長していく中で変わっていくのは、あなたの心の中にある考え方なのです。

例として、この「考え方」を、脳にインストールされたソフトのようなものと考えてみましょう。パソコンにはOSというものが入っています。OSとは、パソコンを制御する、いわばコントロールタワーの役割をするソフトです。Windowsは誰にでもなじみがありますよね。Apple社製のMacならば、LionというOSがありますし、iPhoneならiOSというものがあります。

私たち一人一人が持っている考え方は、このＯＳのようなものです。それが各自の脳にインストールされていると考えてみてください。

学ぶことで、自分が変わることは、脳の中にあるＯＳをバージョンアップすることに他なりません。「考え方」というＯＳが古くなれば、新しくするのは当然のことです。不具合があれば改善し、間違いがあれば修正する必要だってあるでしょう。

逆に、古いまま使い続けることは、まずないはずです。

長い人生の中でＯＳが変わらないのはとてもおかしなことです。ＯＳが古くなればバージョンアップするのは当然ですよね。そう考えると変わることは至極当たり前ですし、変わらない方がおかしいという気さえするのではないでしょうか。

勉強し学んでいく過程で、あなたはあなたの頭の中にあるＯＳを日々更新していかなければなりません。「怖れることなく」「手を止めることなく」です。

そうして考え方を変化させていくと、それに伴って変わることがあります。それが「行動」です。

考え方が変わればそれによるアウトプット、つまり行動も変化していくはずなのです。インプットが「知ること」であるならば、アウトプットは「行動」です。

頭の中にさまざまな知識をインプットしても、それだけで完結してしまっては何にもなりません。インプットだけでは、脳でエネルギーを消費したにすぎませんから、非常にもったいないことです。

インプットの後には行動というアウトプットをしっかりと意識しておきましょう。

変わるということは、「考え方」と「行動」が変わるということ。あなたに訪れる変化があなたの成長につながっています。

変化を受け入れる

ここまでを読んで、自らが変わることへの意識に変化はあったでしょうか。すぐにあなたが変われるかどうかは別にしても、変わることが「必要」で「難しい」ことは理解してもらえたのではないでしょうか。

変化するということは、「受け入れる」ことでもあります。

「受け入れる」と簡単に書きましたが、これは誰にとっても非常に難しい行為です。相手の言ったことを「受け入れ」ようと思っても、自分の気持ちや主張を押し殺さなければならないような感覚に襲われる人もいるでしょう。

変化を受け入れるということも同じかもしれません。嫌々何かをやる感覚とでもいいましょうか、自分の気持ちを殺すような行為のようにも思えます。

しかし、**受け入れることは自分を押し殺すことではないと認識してください。**何より変化を受け入れるということは、自分にとってプラスとなる行為なのです。「押し殺す」「我慢する」といったようなマイナスの意識を持ち込む必要などありません。

素直さと柔軟さ

覚えておいてください。**変化を「受け入れる」際に必要なのは「素直さ」と「柔軟さ」を持った心です。**この両者は対をなしています。一方だけで成立していませんし、どちらがより大事ということでもありません。

素直さと柔軟さは、自転車の前輪と後輪のようなもの。片方だけでは成り立たないものです。

物事に素直に向かい合ってみましょう。そして、変化を許容し柔軟な自分でいられるよう心がけてみましょう。

素直な心とは、スポンジのような柔らかさを持った心です。柔らかければ柔らかいほど、たくさんの水分を含むことができるのです。水をたっぷりと含んだ柔らかいスポンジをイメージしてみてください。

柔軟な心とは、赤ちゃんの肌を優しく包み込むタオルケットのような温かさを持った心です。温かければ温かいほど、その優しさで赤ちゃんは癒されるのです。かわいらしい赤ちゃんを優しく包みこむ温かいタオルケットをイメージしてみてください。

「素直さ」と「柔軟さ」はセットです。柔らかいスポンジと温かいタオルケットをあなたの心の中にいつも置いておいてください。受け入れる心とは、そうした柔らかく温かい心のことです。

変化を受け入れる準備ができたなら、もうあなたは窮屈な気持ちになることはないでしょう。

第３章
壁を越える
強さを手に入れる

第一章では「ゴールを意識すること」、第二章では「変化を意識すること」について見てきました。これらはあなたがゴールに向かって走り始める前に意識しておくべきことです。

では、あなたがゴールに向けて実際に走り始めた後、つまり走っている最中には、どのような考え方が必要となってくるでしょうか。ここからは、物事に取り組んでいく過程で持つべき考え方について話を進めたいと思います。

まず最初は、「壁」に対する考え方です。ここでいう「壁」とは、目の前に現れる「困難」のことであり、クリアしていくべき「課題」のことです。

この章では、何かに真剣に打ち込めば打ち込むほど確実にやってくるであろう壁について考えていきましょう。

壁の二つの側面

壁には二つの側面があります。**一つは「困難」、もう一つが「課題」です。**

「困難」とは、苦しいことそのものを指しています。どのようなことであれ、物事に必死で取り組めば、苦しいと感じることは出てきます。そのことが好きであれ嫌いであれ、苦しいことは苦しいのです。

「好きなことをやりさえすれば苦しくない」と考えている人もいるかもしれません。本当にそうでしょうか。

「好きなことをやっていれば、苦しみを味わうことがない」という考えを私は支持しません。

確かに、大きな視点、長期的な視点で見れば、好きなことをやるのは、ただただ楽しいように思えます。ですが、小さな視点、短期的な視点で見れば必ずしもそうでないことがわかります。

たとえば、私は作詞・作曲をして演奏をします。それを録音してたくさんの人に聞いてもらうこともあります。音楽が好きであることは間違いありません。

歌を歌うことも歌を届けることもとても楽しいことです。喜びも大きい。

ですが、もう少し視点を下げ、短い時間の中でその行為を見たときは、楽しいことばかりだとは言い切れなくなります。

歌の練習のときに声が思うように出ずうまく歌えなければ、やはり苦しいのです。演奏を録音するときもそうです。録音は楽しいのですが、それと同時に、間違ってはいけないというプレッシャーもあります。適度な緊張感の中で真剣に演奏するのですから、苦しいと感じる瞬間はやはりあるのです。

つまり、**好きなことの中にも、その視点次第では、楽しいことと苦しいことの両方が見えてくるのです。**

取り組んでいることが、好きであったとしても困難は常に存在します。嫌いなことや気が向かないことならなおさらです。そうした困難が、壁の一つの側面です。

課題とは、ある目標を達成する際に「すべきこと」もしくは「やった方がより良いと思えること」です。

宿題という言葉も似た響きがありますが、課題が宿題と違うのは、やるかやらないかをあなたが選択できるということです。宿題は強制的にでもやらないといけないものですが、ここでいう課題はそうではありません。やってもやらなくてもいいのです。もちろんやった方が自分にとってプラスになることですから、やるに越したことはありません。**クリアすれば必ず何らかのプラスになるのが課題です。**壁は「課題」という側面も持っています。

壁はやってきて当たり前

壁は、真剣に取り組んでいる人には必ずやってくると理解しておきましょう。

ゴールに向かって走っている人には、壁はやってきますが、立ち止まっている人にはやってきません。

たとえば、全力疾走をするとしましょう。１００ｍ走でもマラソンでも何でも構いません。とにかく全力で走ってみるとします。

走れば走るほど、空気抵抗が生じます。速ければ速いほど、受ける風は強くなります。

立ち止まっていても風は生じません。走るから抵抗が生じるし、走らなければ抵抗は生じない。壁もこれと同じです。走ろうとする人の前には確実にやってくるのです。反対に、立ち止まっている人に壁は生じません。

ではここで、プロのサッカー選手を想像してみてください。彼はどのような過程を辿りプロの選手になることができたのかを考えてみましょう。

何の苦労もない平坦な道を汗の一つもかくことなく、のんきに歩いてプロ選手になれたのでしょうか。壁という困難に出会うことなく、彼の技術はプロのレベルに達したのでしょうか。

答えは間違いなく「ＮＯ」です。何度となく困難に出会い、その度に苦しみ、そして乗り越え、プロとしての道を勝ち取ったに違いありません。
幾度となく壁と向き合い、苦労しながらもそれを乗り越えてきたたくましい彼の姿を、誰もが想像するはずです。

このように壁の存在は、スポーツの世界でならば想像しやすいものです。しかし仕事や勉強の世界となるとなぜかピンとこない人が多くいます。前進を続けていれば、壁は必ずその人の前に現れます。しかも何度も、です。これはスポーツの世界でも仕事・勉強の世界でもまったく同じ現象なのです。

物事の過程の中で壁がやってくることはごく当たり前のことなのだと認識しておきましょう。

壁の前での気持ちのコントロール

人は大抵、困難や苦しみがやってくると嫌な顔をするものです。苦しいことに対しては「キライ、イヤだ」という感情がわいてくるのは致し方ないことでしょう。こうした本能的な感情に抗うことは難しいことかもしれません。ですが、真剣に物事に取り組めば取り組むほど、苦しみや困難がやってくることも事実です。

毎回毎回、イヤな気持ちになってばかりだと、いつか投げ出してしまうことにもなりかねません。ですから、壁に対する向き合い方をよく知っておく必要があります。

イヤな気持ちを適度にコントロールしながら、壁と上手に向き合えるようになることが大切です。

耐えることも必要

自分の好きなことをどんどんやろう、人生を好きなもので満たそう、そうした風潮が今の世の中にはあふれています。

これらはもちろん悪いことではありません。好きなことやわくわくすること、得意なことをして他の誰かの役に立とうとすることは、とてもすばらしいことです。

ですが、**「好きなことをする」が「イヤなことはやらなくていい」にすり替えられてはいけません。**このことは、壁に向き合う際に特に気をつけておきたいことです。

壁は困難という側面を持っていますから、あなたは必然的にイヤなことや気が向かないこと、つらいことに直面することにもなります。イヤだからと言って逃げてばかりいては、壁を乗り越えることはできません。イヤなことにも向き合う時間は必ず生まれるのです。

ですから、壁に向き合うあなたは「耐える」という感覚もしっかりと持ち合わせていなければならないのです。

耐えるという言葉は、仏教の用語の中にも存在します。仏教には「六波羅蜜《ろくはらみつ》」という六つの教えがあります。これは実践すべき具体的項目のようなものです。

その六波羅蜜の中の一つに「忍辱波羅蜜《にんにくはらみつ》」があります。物事に「耐え忍ぶ」という実践項目です。

耐え忍ぶというと「苦しい」「我慢する」といった、どこか暗く強制的なイメージがつきまといます。

しかしここでの「耐える」は、そのような窮屈なものではなく、もっとおおらかな感覚のものです。

「耐え忍ぶ」ことを「許す」という言葉に置き換えてみましょう。もしくは「寛容」という言葉でもかまいません。それが忍辱波羅蜜での「耐える」ということです。

つらいことがあれば、そのことが「あった」という事実を認めるのです。そうした困難ですら自分にとって必要なものであると、広い心で受け止める。これもまた「耐える」の一つの形です。

必ずしも窮屈になる必要はありません。壁を目の前にして、それを自然のこととして受け入れてみましょう。困難を仕方のないことだとして、許してみましょう。

それもまた耐えることの一つなのです。

壁と向き合うための心構え

それではここからは、壁と向き合うための心構えについて見ていきましょう。

心構えの一つ目は、**「壁はがんばっている人のもとにのみ、現れる」**と知ることです。

先述の通り、壁は何かに一生懸命取り組んでいる人にだけやってくるものです。手を抜いていたり、真剣にやっていなかったりしている人の前には現れないのです。

ということは、**壁がやってくること、壁と向きあう機会を得ることは、必死で物事に取り組むあなただけの特権だということになります。**

一生懸命やっているからこそやってきた壁なのですから、壁が現れたことに優越感を持ちましょう。壁と向き合っていることを誇りに思いましょう。

壁を目の前にして、他の人に変わってもらいたいと嘆く必要などどこにあるでしょうか。壁はあなたが独り占めすればいいのです。

それと同時にこれは権利です。壁と向き合うことは義務ではないのです。義務であれば、あなたの気分や都合などは無視して、強制的に壁と対峙しなければなりません。ですがこれはあなたに与えられた権利なのです。前向きに、そしてポジティブに、あなたに与えられた権利を行使すれば良いのです。


二つ目の心構えは、**「壁は成長の糧である」**と知ることです。

壁と向き合い、それを乗り越えていくことは権利であるとすでに述べました。壁は困難であり課題ですから、あなたにとってみればキライなもの、避けたいものかもしれません。ですが、壁をプラスのものと捉えることができるなら、その方が良いに決まっています。では、イヤなことを前向きに捉えるにはどうすればよいのでしょうか。

もちろん、無理に良いことだと思い込みなさいというわけではありません。無理矢理でなくとも、プラスとして捉えられる要素は十分にあるのです。それが、壁は成長の糧であるという事実です。

目の前にやってくる困難はあなたを成長させるための材料です。

家を建てようと思えば、木が必要でしょう。カレーライスを作ろうと思えば、香辛料や野菜が必要でしょう。それと同じように、成長にも材料が必要です。それがあなたの前に現れる壁なのです。

困難であり課題である壁なしに、成長することなどできません。課題をクリアするから実力がついていくのであって、何もせずにパワーアップはできないのです。壁という材料を使って初めて成長が手に入るのです。

しかもその壁はあなただけの特権として現れてくれるのです。こんなにラッキーなことがあるでしょうか。

このように考えていくと、壁はとてもありがたい存在だとわかってきます。

だから壁が現れたときには、お礼をするのです。

誰に、というわけではありません。「ありがとう」と、ただぼそぼそ独り言のようにつぶやいていればいいのです。

壁がやってきたら、ラッキーだと思う。

そして「ありがとう」と言う。

非常にシンプルなことですが、実際には壁を前にして「苦しい、イヤだ、逃げ出したい」と言っているだけの人がほとんどなのです。そこには感謝の「か」の字もありません。

イヤだと言っているだけでは、せっかく現れてくれた壁と向き合うことなどできません。多くの人が壁とうまくつき合えないままです。

壁は成長の糧です。

その糧をうまく用いることができるかどうかは、あなた次第です。ぜひ、前向きに壁と向き合ってみてほしいと思います。

心構えの三つ目は、**「壁はステージアップのサイン」**だと知ることです。

これは壁がどのようなタイミングでやってくるかに関係があります。

物事に取り組む中で、困難はいつやってくると思いますか？　それは、**あなたのレベルが上がるときです。**

人それぞれにステージのようなものがあります。ゲームで考えるとわかりやすいかもしれません。

ステージ1をクリアすれば、ステージ2が待っていますし、クリアすればどんどんステージは上がってきます。

何かに真剣に取り組んでいるとき、あなたはその過程において、なんらかのステージで戦っていることになります。ゲーム同様、あなたの実力がついていけば、おのずとステージも上がっていくことになります。

壁がやってくるのは、次のステージが見えたときです。あなたに実力がついてきて、次のステージに上がれそうだというときに、壁は現れるのです。

そしてその壁を乗り越えることで、あなたはステージアップできるのです。つまり、**壁は「次のステージが近づいて来ている」というサインなのです。**

そう考えると、壁がくるタイミングが「ここでもうひと踏ん張りしなければならない」ことを教えてくれます。壁が来たところが踏ん張りどころです。苦しいからといって投げ出してしまうわけにはいきません。「いやだな」「どうしようかな」と逃げ腰になっても何も始まりません。それこそ次のステージのための入学試験だというくらいの気概を持って立ち向かっていくべきなのです。

壁の大きさ

一生懸命に物事に向かう人の前に現れる壁。あなたは、その壁の大きさについて考えたことがあるでしょうか。

必死で走れば走るほど空気抵抗が大きくなるように、必死で取り組めば取り組むほど現れる壁は大きいということになります。だからといって、手を抜いて壁が小さい方が良いと考えるのは早計《そうけい》です。

乗り越えた壁が大きければ大きいほど成長の度合いもまた大きいわけですから、手を抜くわけにもいきません。

あまり考えすぎると、大きくてもしんどい、小さいと意味がなさそう、とどっち付かずになってしまいそうです。

あなたに知っておいてほしいのは、**壁の大きさはいつも「適正」だということです。**

そもそも壁を「大きい」「小さい」と決めたのは誰でしょう。そして、その基準は何でしょうか。

なんとなく「これは大きい壁だ」「大きな困難で苦しそう」とあなたが決めているに過ぎないのです。

困難の度合いは目に見えないものですから、どんな人にとっても壁の大きさなど「なんとなくそう思える」という程度のものなのです。

ぴったり合った洋服を「ジャストフィット」などと言ったりしますが、壁はまさに「ちょうどいいサイズ」なのです。あなたが熱心に取り組めば、それに見合ったちょうど良いサイズの壁がやってきます。手を抜いたとしても同様に、手を抜いたのにちょうど良いサイズの壁がやってきます。

ここで理解してほしいことは、壁には何か絶対的なサイズが存在するわけではなく、いつもあなたにちょうど良いサイズだということです。このことを理解できると、乗り越えられない壁もまた存在しないとわかります。

苦しいときには「もうだめだ。こんなの無理に決まっている」とあきらめてしまいそうになることもあるでしょう。けれど、あなたの前に立ちふさがる壁は、どうあがいても超えられないような巨大な壁ではないのです。

想像してみてください。あなたの身長よりも少しだけ大きな壁を。すぐ目の前に壁があるときは、巨大で乗り越えられないように見えるものです。それは、あなたが真剣に物事に向き合っていることの証明ですから、とても良いことです。

ただ、そこから一歩だけ下がってみてください。異常なほど巨大に見えた壁も、少し距離をあけて見上げてみれば案外「こんなものか」というような大きさだったりするのです。**壁はいつもあなたの身長よりちょっとだけ大きいサイズなのだと思っていればいいのです。**

苦しいときは、少しだけ距離を置いてみればいい。

それこそ一歩下がって、心を落ち着かせて、壁に目を向けてみればいいのです。

そこにはきっと違った壁の姿があるはずです。

乗り越えられない壁はない

壁はいつもあなたにちょうど良いサイズ。だからこそ「乗り越えられない壁はない」とも言えます。ちょっぴり背伸びをして踏ん張れば超えていける適正サイズな壁。あなたにはあなたに見合わない壁はやってこないのです。

いつのときも、あなたに越えられない壁は、やって来ないのです。うまくできているように思えるでしょう。その通り、うまくできているのです。

物理の世界には、作用・反作用という法則があります。ある物体Aが別の物体Bに力を加えたときには、必ず物体Aは物体Bからの逆向きの力を受けるという法則です。

身近なところでいえば、ボートに乗っていて隣のボートを押せば自分のボートも力をうけて反対側に進むというのがそれにあたります。押せば押し返されるというイメージですね。

この作用・反作用という物理の法則と同様に、物事を進めているとそれに合っただけの力を持って現れるのが壁なのです。

壁は乗り越えられないほどの大きさであなたの前に現れることはありません。

くじけそうになったときこそ、乗り越えられない壁はやってこないのだということを思い出してみてください。

時には負けてもいい、逃げ出してもいい

ここまでの話が理解できると、壁としっかりと向き合い、苦しくとも乗り越えていける強さが身に付いてくるのではないかと思います。壁という困難と正面から向き合い、乗り越えてほしいと思います。

その一方で、やはり巨大にみえる壁を前に、心が折れてしまいそうになることがあるかもしれません。そんなときにも「選択肢は無限なのだ」ということも忘れないでください。

壁を乗り越えることはあくまでもあなたに与えられた特権です。だから、その特別な権利を「行使しない」という選択肢も当然あっていいのです。

手を抜くことなく壁に向き合ってほしいと思う反面、ピンチのときには「逃げる」という選択肢も持っておいてもらいたいのです。

逃げることだって戦術の一つです。「逃げる」という選択肢を、最後の最後には切り札として心のどこかに持っておきましょう。

「最後は逃げの手もある」のだと思うことができれば、心が少し軽くなるのではないかと思います。

また、ここで書いてきたことは、必ずしも、毎回正面から壁にぶち当たりなさいということではありません。壁の持つ意義を十分に理解することが最重要なのであって、特攻隊よろしく壁に体当たりすることだけが大事なのではありません。

時には壁の横に回り込んでみてはどうでしょうか。時には壁をよけながら進んでみるのもありでしょう。壁の前で立ち止まってゆっくり考えてみるのもいいと思います。

選択できる行動は数限りなくあるはずです。**あなたに与えられた選択肢は無限なのです。**壁が成長の糧である以上、「逃げてばかり」というのではいけませんが、対処の方法は常に一通りではないということです。

やり過ごしたり、身をかわしたり、立ち止まってみたり、ゆっくり考えてみたり、その中で自分なりに「これがベストだ」と思える選択肢をとればそれでいいのです。

壁への具体的対処法

では最後に、壁に対処する具体的な手法を紹介しておきましょう。すぐにでも役に立つものですから、これだと思えるものがあればぜひチャレンジしてみてください。

具体的対処法の一つ目は、**「壁の正体をしっかり見極める」**ことです。

壁がやって来て「ああ大変だ、どうしよう」と慌ててしまうのは、壁がぼんやりとしか見えていないから。壁の正体がわからないのですから、焦るのも無理はありません。

もし、街を歩いているときに、あなたの視界の先にぼんやりとした、しかも巨大なゴジラのような何かが見えたとしたら、あなたはどうするでしょうか。

間違いなくパニック状態に陥るはずですよね。慌ててしまって、事はどんどん悪い方向へと向かってしまうでしょう。

しかし、正体がはっきりわかる場合はどうでしょうか。黒く巨大なゴジラのように見えた物体が、実は巨大なナメクジだとわかったら。攻撃もしてこないし、進むのはずいぶんと遅い。しかも塩をかければ一瞬にして退治できると知ったら、どうでしょうか。正体がわからなかったときとはまったく違う心境が生まれるはずです。

壁への対処も同じです。**まずはその正体をしっかり見極めることが大切なのです。**いつ、何が問題になるのか。できる限りの情報を集め、壁の正体をしっかりと見極めるのです。

対処法の二つ目は**「最悪の事態を想定しておく」**ことです。
壁にぶつかったとき、対処しているときにどんな被害を被る可能性があるか。対処がうまくできなかった場合はどのような事態を招くことになるのか。それらを先に考えておくのです。

できる範囲でかまいません。「最悪の場合はこのくらいだ」ということを頭に入れておくのです。大抵は「こんなものか」と大したことがないとわかります。最悪の状況や最大の困難を想像しておけば「この程度のものか」と覚悟した上で、壁と向き合うことができます。

このことは不安を払拭することへとつながっています。**最悪の事態を想定しておけば、あなたが壁と向きあう際に必要以上に不安になることを防げるのです。**

三つ目は**「壁を細かく切り分ける」**ことです。

一つ目の対処法でも述べましたが、得体の知れないものというのは、誰にとっても恐ろしいものです。

正体がわからないだけでなく、相手が大きいと余計に不安になってしまうでしょう。すると、一体何から手をつけていいかもよくわかりません。ですから、壁のサイズを小さく細切れにしてみるのです。

壁を課題のようなものとして捉えれば、さまざまな切り分けが可能です。

切り分けの方法の一つは**時間軸**です。

時間の流れにそって、課題を切り分けてみましょう。ここでいう課題とは、すべきことです。巨大な壁の中に多くのすべきことが含まれているはずですから、それを小さく切り分けていくのです。

たとえば、一年後までにすること、半年後までにすること、一ヶ月後、一週間後、と時間の流れに沿って分けていきます。

これだけでも、ざっくりとしていた課題がはっきりしてきたのではないかと思います。

もう一つの切り分け方は、**概念の大きさ**です。

より抽象的なものと、より具体的なものを、その概念の大きさによって切り分けていくのです。

このように、壁を時間軸や概念の大きさで切り分けることで、自分の取り組みやすいサイズに変え、対処していくのです。

第4章
フィルターによって見える世界が180度変わる

何かに必死で取り組めば、良いことも悪いことも起こるでしょう。あなたが歩んでいく道は平坦な道ではないのです。また、多くの場合、そのことに向き合う時間も長くなります。勉強をしても一日だけがんばればいいということはほとんどありません。「一回だけ集中すればそれでいい」というような短期の戦いは、そうそうないのです。試験や試合が一度きりだとしても、そこに到るまでに膨大な時間を、練習や準備に費やしているはずです。

山あり谷ありの時間が長く続けば、あきらめてしまったり、やる気を失ってしまったりする可能性も出てきます。長く険しい戦いの中で、モチベーションをしっかりと維持し、投げ出すことなく継続してがんばっていくには何が必要なのでしょうか。

それは、あなたの心の中にある「フィルター」を「より良いもの」へと作り上げ、その上で「ケア」していくことです。**戦いがつらく長いものであればあるほど、あ**

なたがどのようなフィルターを作り上げていくかが、非常に重要になってきます。

この章では、長くて険しい道のりを乗り切るために必要なフィルターについて考えていきましょう。

フィルターとは何か

さて、ここにいきなり出てきた「フィルター」とは、一体何のことでしょうか。それは、ずばり「ものの見方」のことです。人は誰でもその人なりのものの見方を持っています。それぞれのものの見方で、外部から情報を受け取り、反応や行動をしているのです。

人の持つフィルターはそれぞれです。各自がオリジナルのフィルターを持っていますから、百人いれば百人分のフィルターがあることになります。

今、目の前の机の上にリンゴが一つ置いてあります。リンゴが好きな人であれば

「やった、いいものを見つけたぞ。おいしそうだな、食べたいな」と思うでしょう。思わず手を伸ばしてかじりつくかもしれません。しかし、全員が同じように考え、行動するわけではありません。「私はリンゴが苦手だ。あまり見たくないな」と感じる人もいるのです。リンゴをどこかに投げ捨ててしまう人だっているかもしれません。

人が持つさまざまなフィルターが、その人の反応や感情、行動を生み出しています。

見ている世界は人それぞれ

人は、自分のフィルターを通して世界を見ています。持っているフィルターが違うのですから、見える世界だって違うのです。

カラーレンズのついたメガネを思い浮かべてみてください。青いレンズのついたメガネを掛ければ、当然、周りは青色に見えるでしょう。一方、黄色いレンズのついたメガネを掛ければどうでしょうか。これもまた、周囲が黄色がかって見えるはずです。レンズが変われば、世界はまったく違った色に見えるのです。

「ものの見方」というフィルターも同じです。あなたが見ているものは、あなたのフィルターを通して入ってきた情報であり、そのフィルターの色がついた世界に過ぎません。そして、他人には他人のフィルターの色があります。

私たちはまったく同じ世界に住み、同じ情報に触れ、同じ景色を見ていると思い込んでいます。しかし、**フィルターが違えば、見ている世界も人によって違ってくるのです。**

見たい世界しか見えない

見ている世界が違うだけではありません。人はその人が見たいと思う世界しか見ていないものです。フィルターが違えば、見ようとするものまで違うのです。

これは脳のはたらきによるものです。

たとえば、あなたは車がとても好きだとしましょう。車については誰よりも知識があります。友人と通りを歩いていても、車ばかりが気になります。「あ、ベンツが通ったぞ」「あの白いのはポルシェだな。かっこいいな」といった具合に、車のことばかり気にしています。そのくらい車が好きなのです。

一方、一緒に歩いている友人は車などまったく興味がありません。通り過ぎる車には目もくれず、もっぱら通りに立ち並ぶお店を見ながら、今日の昼ご飯は何にしようかと考えています。

さあ、どうでしょうか。たとえ同じ場所にいても、二人は同じ世界を見ていないのです。あなたの世界には「白いポルシェ」が存在していましたが、友人には見えていません。同じ時間、同じ場所にいても、友人にはポルシェではなく、飲食店の看板が見えているのです。そしてここには「見たいものしか見ない」という人のフィルターの仕組みが見え隠れしています。興味のあるものが見え、興味のないものは見えないのです。

フィルターは、あなたが見たいものを見せてくれると同時に、見たくないものは

見えないようにするのです。

このようにして、フィルターはその人にしか見えないその人だけの世界を生み出します。

成果を上げる三つのフィルター

フィルター＝ものの見方の違いは、その人を良くも悪くもします。良い見方ができれば良い行動につながりますし、逆に、悪い見方は悪い行動につながることは、至極自然なことでしょう。

フィルターの違いは、進んでいく道を決定づけるものです。ですから、あなたには少しでも自分にとって良いと思えるフィルターを持ってほしいのです。

では、夢を実現していく上で、作り上げていくべきフィルターとはどういったものでしょうか。ここでは、物事に取り組み、成果を上げるために必要な三つのフィルターを紹介しましょう。

一つ目のフィルターは**「プラスのフィルター」**です。ここでいうプラスとは「より前向きであること」を指しています。物事を前向きに捉えるフィルターを作り上げるのです。

このフィルターは、あなたの身に起こることをできるだけプラスに受け取ろうというものです。普段から物事を前向きに捉えるように心がけるのです。

まずはその大前提として、**起こる事柄には善悪はない**のだということを知ってほしいと思います。あなたの身に起こりうる事象は、元来「良い」「悪い」という善悪のようなものを持っていません。

そう言われても「良いものは良いし、悪いことは悪いだろう」と思う人も中にはいるでしょう。けれど考えてみてください。物事に判定を下し「良い」「悪い」のラベルを貼りつけているのは、いつも「あなた」なのです。

たとえば、「道を歩いていたら雨が降ってきた」とします。

これは良いことですか？　悪いことですか？　嬉しいことですか？　嫌なことですか？　おそらくこの問いに、あなたは答えられないでしょう。なぜなら、与えられた情報が少なすぎるからです。

判断をするには、そこに到るまでに多くの情報が必要です。ここには「道を歩いていた」「雨が降ってきた」という二つの情報しかありません。

あなたは普段、多くの情報と文脈によって「雨が降ってきた」ことに何らかの判断を下しているのです。ですから、「道を歩いていたら雨が降ってきた」という事柄自体には、良いも悪いも、嬉しいも嬉しくないもないのです。

事柄や現象は、いつもニュートラルなのです。そこに良し悪しの判断を下しているのは、いつもあなたなのです。

それがわかれば、プラスのフィルターを持つように普段から心がけることがとても大切なことだと理解できるでしょう。自分が物事の善悪を判断しているのですから、できるだけプラスに考える方が良いでしょう。

雨が降ってきたという事実をマイナスの事柄だと捉えずに、プラスのこととして捉えるのです。プラスに捉えることで、感情も行動も前向きに変わっていきます。誰だってマイナスの気分やネガティブな感情は持ちたくないものでしょう。

もしあなたが、降り出した雨を「マイナス」にとってしまうとこうなります。

「道を歩いていて雨が降ってきた。今日の天気予報は晴れだと言っていたから、傘は持っていない。天気予報は嘘ばっかりだな。このままじゃびしょぬれだ。ああ、なんて私はついていないんだ。最悪だ」。なんだかイヤな気分がしてきますね。

これをプラスにしてみるとどうなるでしょうか。

「道を歩いていて雨が降ってきた。今日は傘を持ってきていないけど仕方ないな。どこかで雨宿りすればいいや。ラッキー、あそこに本屋さんがあった。気になっているあの本があるか見てみよう。あ、あそこにあったぞ。面白そうだから買っておこう。読みたい本が手に入ったし、これなら雨が降るのも悪くないな」。

今度は逆に良い気分になる気がします。

ここにあるのは、ほんの少しの差です。少しだけでいいですから、前向きに物事を捉えるよう努めてみるのです。ほんの少しでも物事をプラスにしようという心がけがあれば、それで事足りるのです。

プラスのフィルターは自分の心の状態を良くしてくれるフィルターです。何より、プラスになるのはその瞬間だけではありません。先ほどの、雨が降ってきたけれどもそれをプラスに捉えることのできた人は、このあと、その日一日をとてもいい気分で気持ちよく過ごせたであろうと推測できます。反対に、マイナス思考に陥った人は、その後も気分が悪いままもやもやした気持ちで一日を終えてしまうでしょう。差はわずかです。ですが、その先の結果は大きく違ってくるのです。

プラスのフィルターを普段から意識して作り上げていきましょう。忘れないでください。**判定を下しているのはいつも「あなた」なのです。**

積極性のフィルター

フィルターの二つ目は、**「積極性のフィルター」**です。プラスのフィルターと似た部分もありますが、こちらは「自分から手を伸ばそう」という意味を持っています。受け身にならずに自分から動くのです。積極的に、そして能動的に自分から手を伸ばすフィルターを作り上げましょう。

何をするにしても「自ら手を伸ばして」それを取りに行くことは、非常に重要です。それがないのなら、望む結果など出ないと言っても過言ではないでしょう。

たとえば、あなたが甲子園を目指す高校球児であると仮定してみてください。甲子園出場はあなたの小さい頃からの夢です。必死で練習をし、なんとかレギュラーを勝ち取って、試合に出て活躍をしたい。そしてチームメイトとともに甲子園に出たい。そういう思いを強く持っているとします。では、そのときの練習はどういったものになるでしょうか。

ただ監督に言われただけの練習をしてそれで終わりという毎日を過ごすでしょうか。おそらくそうではありませんよね。間違いなく、自分で課題を見つけ、自らトレーニングをする。全体練習のあとで、一人で居残り練習をするかもしれない。

欲しい結果＝ここでは甲子園出場という望みがあるわけですから、考えてみれば当然のことなのです。言われたことだけをやるような受け身の練習をする人は、まずいないはずです。

結果を出そうと思うと、自然に積極的な姿勢が生まれるものです。積極性なしに、欲しい結果など出るはずがないのです。

受け身ではない、積極的なフィルターをあなたの心の中に作り上げていきましょう。誰かの指示を待つのではなく、自分から手を伸ばすのです。

積極性のフィルターを磨く方法

積極的になれと一言で言っても、どのように取り組んでいけばいいかわかりにくいかもしれません。ですからここで積極性のフィルターを磨くための具体的なポイントを紹介しておきましょう。

ポイントは二つあります。それは**「自ら手を挙げることを強く意識する」「リスクをおそれない」**です。

一つ目のポイントは**「自ら手を挙げることを強く意識する」**です。

授業などで、先生に「わかる人はいますか？」と聞かれたときに「自ら手を挙げる」というあれです。

この時に重要なのは、正解か不正解かではありません。答えがわかっていても手を挙げない人は、やはり手を挙げないのです。**あなたが常日頃から手を挙げようと強く意識しているかどうかが重要なのです。**

どのようなときでも「自分がやってやるぞ」と強く意識するのです。

道ばたで困っている人がいれば、周りを見渡して「誰か手を貸してあげないかな」と挙動不審になるのではなく、率先して手を貸してあげるのです。うまく手助けできるかどうかは問題ではありません。「私が手を貸しても役に立たなかったらどうしよう」と考えていては、助けることはできません。まず行動すること。それが大切なのです。失敗をしてもいいのです。うまくいかなくてもいい。**まずは自分から手を挙げることを意識してみましょう。**

二つ目のポイントは**「リスクを恐れないこと」**です。積極的になれない一つの理由は、「だめだったらどうしよう」「失敗したらどうしよう」という怖れがあるからです。しかし、失敗するリスクがあるからといって手を引っ込めてばかりいては、できることがどんどん減っていってしまいます。あなたにはゴールがあるはずです。欲しい結果や望むものがあるはずです。それをしっかり思い出して、リスクを怖れずにチャレンジするのです。

まずは、リスクはゼロにならないことを知りましょう。**何事にもリスクは存在します。すべてが安心安全というものはこの世界には何一つありません。**あとはそれが小さいか大きいかといった「程度」の問題なのです。ですから、リスクをゼロにしようとしてもほとんど意味がないことを知ってください。

あなたがどういう選択をするにしろ、リスクはゼロにならない。では、そうしたリスクにどう立ち向かえばいいのでしょうか。

そこでヒントになるのが「やらないこと」も大きなリスクを含んでいるということです。

やらないことに潜むリスク

物事にはチャレンジするリスクと同様に、チャレンジしないリスクもあるのです。

積極的に自分から手を挙げることに迷ったときは、「やらなかったら、どんなリスクがあるのか」を考えてみてください。

たとえば、今日一日勉強をしなかったとしたら、明日の試験にどのようなリスクがあるでしょうか。バイトや部活で疲れてしまって、机に向かうには大きな労力が必要かもしれません。気になるテレビ番組を見る時間がなくなってしまうかもしれない。しかし、勉強をしなければ、試験の結果は悪くなってしまうかもしれません。そのことで親に叱られてしまうかもしれません。

あなたが勉強をしようとしまいと、リスクは存在しているのです。

では、気持ちは向かないけれど、今日少し我慢して勉強することと、後々評価が下がって辛い思いをすることの、どちらがあなたにとって、大きなリスクなのでしょうか。それを考えてみるのです。

あるいは、自分の意見を挙手して伝えなかったとしたら、出てくる結果にどのようなリスクがあるでしょうか。意見を述べることは、あなたにとってはとても恥ずかしいことかもしれない。勇気がいることかもしれない。

しかし、自分から手を挙げなければ、役に立つことはできないし、評価が低く見積もられるかもしれない。

大抵の場合、**「やらないこと」に潜むリスクの方が大きいものです。**

リスクをおそれず、積極的にチャンジしていくことをお勧めします。

源泉のフィルター

さて、ここまで「プラスのフィルター」と「積極的なフィルター」というあなたに作り上げてほしい二つのフィルターについて話を進めてきました。次に、三つ目のフィルター**「自分が源泉のフィルター」**について見ていくことにしましょう。

「源泉」とは、一般に水が湧き出てくる場所のことを指す言葉です。ここでは、物事の原因・要因のことだと考えてもらえればわかりやすいかと思います。

ですから、**「自分が源泉のフィルター」とは、起こる事柄の原因や要因は、いつも自分自身にあると考えるということです。**


自分自身が源泉であるというフィルターを持つことで、あなたの世界は一変することになります。何せ、あらゆることを引き起こす原因や要因が自分にあることを知るのですから。


たとえば、親に「勉強しなさい」と普段から注意されてばかりの子どもがいるとしましょう。事あるごとに言われるので、その子はこう考えます。

「しつこいなあ。うるさく言うからやる気をなくしたじゃないか。気分も悪いし……」。

よくある光景ではないでしょうか。「親が口うるさく言うから、そのせいで自分はやる気をなくしてしまった」というのが、この子の言い分です。

では、これを自らが源泉であると考えた場合、どのように変わるでしょうか。

「親が口うるさいのは、自分が勉強をしないからだ。何度も親に注意させているのは、自分なのだ」となるのです。

自分が源泉であるというフィルターを持つと、起こる事柄の意味が180度変わってしまいます。

主体的であるということ

「自分が源泉＝発信源」というフィルターを作ることとは、主体的に考えるということです。

主体的とは、自分の意志で選択や決定をすることを指します。**主体的に考え生きることが自分の人生を生きるということです。**すべての人が主体的に考え生きているかというとそうではありません。実はその逆であることがとても多いのです。

その逆を、本書では「反応的」な考え方、生き方とします。周りから何かを言われて、それに反応し自分の行動をとるのが「反応的に生きる」ということです。

誰かに何かを言われてから、反応をして自分の行動を決める。そんな生き方が楽しいはずがありません。しかし、反応的に生きている人は世の中にはたくさんいるのです。いや、ほとんどの人が反応的に生きていると言ってもいいかもしれません。

反応的な生き方を象徴するのは、「～された」という言葉です。先ほどの「口うるさく言われた」というのもこれにあたります。「親に叱られた」「あの人に邪魔された」「他の人に～された」といった言葉はすべて反応的に生きている人の使う言葉です。多くの人がこうした言葉を頻繁に使い、その言葉に埋もれながら生きてしまっています。

逆に、主体的であるならば、どういう言葉を使うのでしょうか。それは「私が～した」です。先ほどの例で言えば「私が勉強をしなかった」ということになるでしょう。

物事の原因が自分の中にあると考えることが、主体的に生きることにつながっています。


主体的に生きることは、自分を主語にして生きていくことです。

反応的に生きるということは、他人を主語に生きていくということです。

主体的な人はできると考える人

物事の要因が自分にあると考えられれば、問題の解決策を探る際に、「私には何ができるだろう」と自分ができることについて考えるようになります。

逆に反応的に生きる人は、何事も他人のせいにしてしまいますから、対応策を考える際にも、自分に何ができるかなどと考えることはありません。自分のことはそっちのけで、相手に解決策を求めようとするのです。

先ほどの勉強の例を、「自分が源泉である」という考えにもとづいて考えれば、このようになるでしょう。

「私は勉強をしなかったから、親が私のことをいろいろ気にかけてくれている。だから、口を酸っぱくして勉強をしなさいと言ってくれるのだ。勉強をしないと後で困るのは自分だから、それを教えてくれようと必死なのだ。とてもありがたいことだ。私にはすべきことがあるはずだ。今、私に何ができるだろうか。親が安心してくれるように、毎日決めた時間に机について、勉強に取り組むというのはどうだろうか。もしくは、仕上がった勉強を親に見てもらって安心してもらうこともできるだろうか」。

このように考えることが主体的な思考であり、自分が源泉であるというフィルターを持つことなのです。

自分のせいだと責めない

自分が源泉であるというフィルターを持つ上で、一つだけ注意点があります。それは、自分を責めないことです。

自分が源泉であると考えることは、自分の中に要因や原因を探してみようとすることであって、自分を責めるということではありません。

大事なのは、源泉が自分ではないか？　と考えてみる思考そのものであって、自分が良いのか悪いのかを判定することではないのです。良し悪しはそこにはないのです。

もしかしたら、自分が本当の要因ではないことだってあるでしょう。ですが、それでも敢えて「もし自分が源泉であるとしたら？　自分の中に要因があるとしたら？」と考えてみようということです。くれぐれも、自分を悪者にして自分を責めることではありませんから、その点には注意しておきましょう。

フィルターにはケアが必要

あなたに作り上げてもらいたい三つのフィルターについて見てきました。「プラスのフィルター」「積極性のフィルター」「自分が源泉のフィルター」の三つのフィルターをしっかり自分の中に作り上げていってほしいと思います。

最後に、フィルターにはケアが必要であることを付け加えておきましょう。

フィルターはあなたのものの見方であると述べてきました。では、フィルターを思い通りに作り上げることができれば、もうそれでおしまいなのかと言われれば、決してそうではありません。フィルターには常日頃からのケアが必要なのです。

考えてみてください。あなたが本書を読んで共感をしてくれれば、きっと明日から実践してみようと思ってくれるはずです。たとえばこの章に感銘を受け、自分のフィルターを変えてみようと決意してくれたとしましょう。もちろん、明日あさってくらいまでは、実践してくれているはずです。しかしこれが、一週間、一ヶ月、一年となると全員が同じように続けているとは限りません。三日坊主で終わってしまう人も少なくはないはずです。

より良いフィルターを作ろうと決意したにも関わらず続けることができなかったとしたら、そこには一体何が足りなかったのでしょうか。

それは、フィルターに対する「ケア」です。ケアとは「手入れ」のことです。一度こうしようと決めた心の中のフィルターも、そのまま放置していてはうまく機能しなくなるのです。常に手入れをする必要があることを頭に入れておきましょう。

たとえば、あなたの家に庭があるとします。そこにはきれいな花がたくさん植えられています。もしあなたが手入れを怠っていたらどうなるでしょうか。当たり前ですが、庭を今の状態で保つことはできないのです。

花を植えるまではいいのです。種をまくまではいいのです。誰にでもそれが必要なことだとわかるからです。ですが、そのまま放っておいてもきれいな花は咲き続けてはくれません。庭には手入れが必要なのです。花を植えて終わり、種をまいて終わりということはまずあり得ないのです。

しかし、多くの人が、考え方＝フィルターを手入れするという感覚を持っていません。

フィルターはあなたの庭と同じです。手入れをしなければ、雑草が生えてきますし、花だっていつか枯れてしまいます。だから手入れをするのです。常に自分のフィルターがいい状態であるようにケアをしましょう。

ケアの具体的方法には、読書や日々の振り返りなどがあります。

読書はフィルターのケアには欠かせないものの一つです。自分の考え方＝フィルターを形成してくれる本を何度も読み返してみましょう。一度読んだ本でも、一週間後や一ヶ月後に読み返すと効果的です。

日々の振り返りもフィルターのケアにつながります。

一日の終わりに、今日は自分のフィルターに沿って行動できただろうか、物事を実践できただろうかと問うてみるのです。毎日が大変なら、一週間に一度でも構いません。

放っておいて良い状態が保てるフィルターはありません。自分のフィルターが自分の望むフィルターであるかどうかを、いつも気にかけておきましょう。あなたのフィルターは、あなた自身の手で日々しっかりとケアしていくのです。

第5章 フィードバックと反省は似て非なるもの

夢を実現するために欠かせないのがフィードバックを持つ習慣です。

フィードバックとは、結果をもとに今の自分を振り返ってみることです。

プロセスを振り返ることで、次の行動への指針が生まれ、ゴールに向けての行動をより良いものへと変えていくことができます。

客観的事実

フィードバックに必要なのは、客観的な事実です。自分が行動した結果を、良し悪しは別にして見つめることで、未来へのヒントを見いだすのです。

まず、良し悪しの判断が狙いではないことを、頭に入れてください。そうしないと、フィードバックはただイヤなことを受け入れなければならない、ネガティブなものに成り変わってしまいます。あくまでも、自分の望む結果を出すためのポジティブなフィードバックを持つのです。ネガティブにならず、プラスのイメージでフィードバックを捉えましょう。

主観的事実

フィードバックとして有効なものは、客観的事実だけでなく、実は、主観的事実であっても良いのです。ただし、ここでの主観とは、物事に取り組んでいるあなた自身ではなく、それを見ている周りの人の主観です。

もし、あなたを指導している人がいるならば、その指導者の主観です。その人が「あなたを見てどう感じるか」が主観的事実にあたります。

たとえば、「少し落ち込んでいるように見える」「不満があるように感じる」といったことです。他人があなたを見てどう思ったか、どう感じたか、といった感想のようなものです。**客観的事実と同じように、主観的事実も、あなたにとっては非常に重要なフィードバックになるでしょう。**

もちろん、客観的事実と同じように、主観的事実はあなた自身や結果の善し悪しを判断してはいけません。そうではなく、単にその人がどのように感じたのかを伝えてもらう必要があります。この点では客観的事実と比べて、少し難易度が高いので、相手を選ぶ必要が出てくるかもしれません。親や兄弟といった近すぎる存在だと、「だからあなたはだめなのよ」などと、お互いに感情的になる怖れがあります。そのため、家族などの近すぎる相手からのフィードバックはあまりお勧めできません。

このように、フィードバックには客観的事実と主観的事実があります。両者を振り返りの材料として、次の行動へとつなげていきましょう。

フィードバックが苦手

日本人は、フィードバックすることが比較的苦手なのではないかと思います。「臭いものにはふたをしろ」という言葉が象徴するように、過ぎたことや都合の悪いことは、なるべく見ないようにする傾向が強いのです。「もう済んだのだから忘れてしまおうよ」というのは、ある種の許しとも言えるでしょう。

こうした許しや許容といったものは、社会生活を営む上では大変役立つように思います。しかしその一方で、「見たくないものに蓋をしてしまう」感覚がフィードバックの習慣を失わせてしまいやすいことも事実です。**フィードバックの機会は、意識的に持たなければ、うまく継続できないことを知っておきましょう。**

反省とは別物

フィードバックという言葉から、反省という言葉を連想する人も多いのではないでしょうか。

ここで紹介しているフィードバックは、反省とは別のものです。ちなみに、私はこの反省という言葉がキライです。なぜかというと、日本人の多くは反省を「自分が悪いことをしたから、それを省みて自覚しよう」ととらえているところがあるからです。

「反省＝自分が悪い」という図式ですから、「あなたは反省しないといけませんよ」と、なんだか叱られているような気分になります。

反省という言葉はどうしてもネガティブなイメージが強いのです。ですから、本書では、フィードバックと反省は別のものであると考えて話を進めています。


あなたが「悪い」と思う必要などないのです。悪いことだってもちろんあるでしょう。でも、悪いことだけを毎日見続けて、気分が悪くならない方がおかしいのです。自らの気分を悪くしてしまうくらいなら、反省などしない方がいいのです。

ですから、**良し悪しの判断をしないフィードバックが必要です**。すべてはその後です。

まずは客観的事実をしっかりと受け止めて、修正すべき点、改善すべき点を見ていけば良いのです。

どうしても、反省したいのであれば、うまくいっているときに行うことをお勧めします。思い通りに進まず、どん底を這っているときに反省してしまうと、さらに気分が悪くなってしまいます。
「反省は好調なときに」、これが鉄則です。

メリット１　立ち位置の確認と現状把握

フィードバックはあなたにとってどのように役に立つのでしょうか。ここからは、フィードバックの機会を持つことのメリットについて見ていくことにしましょう。

フィードバックは**あなたが今立っている場所を教えてくれます。**

ちょうど、スマートフォンなどについているＧＰＳ機能のような役割を果たしていると思えばいいでしょう。ＧＰＳ機能があれば、地図上でのあなたの位置が把握できます。その機能と同じ効果をもたらしてくれるのがフィードバックです。**フィードバックの機会を持つことで「自分の立っている場所」が明確になります。**

現在地がわからないままでは、目的地にたどり着くことなどできません。加えて、何をすればいいのか、どの方向へ進めばいいのもわからず、不安にもなるでしょう。現在地がわからないことは、迷子になることと等しいのです。

また、現在地がわかればゴールまでの距離が明確になります。そうすれば、すべきことや進むべき方向がわかるのです。

現在地がわからないまま走り続けている人がとても多いですから、自分の立ち位置を必ず知っておきましょう。

立ち位置を知ることと併せて大切になるのは、「現在の自分の状況や状態」を常に把握することです。今、自分の調子や気分はどうなのか。何か不安なことはないのか、技術面や体力面はどういう状況なのか。こうした「現在の自分の状態」を把握しながら、ゴールへ向かうことも非常に重要です。

飛行機の旅

フィードバックの機会を持つことで、「自分の立ち位置を知り」、「自分の現状を把握する」ことが可能になります。

このことを飛行機での旅を例にして見てみましょう。

あなたは飛行機に乗り、空の旅に出ます。

１０００km離れた目的地に向かって颯爽と飛行機は飛び立ちます。高度も安定してきたところで、あなたはふと操縦席に目をやりました。しばらく見ていたのですが、どうも操縦士が真剣に操縦しているようには見えません。操縦士はゆったりとシートに腰を下ろしたまま、特に何もしていないように見えます。

時折、ぼーっと外の景色を眺めているようです。

しばらく観察していると、あろうことか操縦士が居眠りを始めたではありませんか。さあ、あなたはどうしますか。あなたはきっと「何をしているんだ。ちゃんと操縦しないか」と声を上げるでしょう。

そこで、操縦士に「自動操縦装置がはたらいているから、大丈夫だ」と言われたらどう答えますか。おそらくそれもおかしい話だとわかるでしょう。飛行機の操縦が自動操縦だからといって、操縦士は何もしなくていいということではないからです。

操縦士は、常にさまざまな計器に目を配りながら、高度や航路などの飛行の状況や安全の確認をしなければならないのです。たとえ自動操縦であっても、あらゆることをモニターしておかねば、不測の事態に対処することはできません。

わかるでしょうか。このモニターする行為こそが現状を把握するということなのです。

あなたがゴールに向かって行動をしています。行動自体はすばらしいことです。どんどん取り組んでほしい。ですが、それだけでは自動操縦装置に身を任せている操縦士と何ら変わりはないのです。

進んでさえいればいい、行動してさえいればいい、というだけではゴールにたどり着けないのです。

現状を把握していなければ、予測していない事態が起こった際に対処のしようがありません。

もし進路を間違っていたとしても、修正のしようがないのです。ゴールまでの過程では、常に「自分の立ち位置」を意識しながら、残りの距離を確認しつつ、「現状の実力や自分の状態」を細かく把握する必要があるのです。つまりフィードバックの機会を持つことは、自分についての計器をモニターし続けるのと同じことなのです。

メリット2　修正や改善

メリットの二つ目は**「修正」や「改善」が可能になることです。**

一つ目のメリットで述べた、現在地や現状の把握ができれば、そこから修正や改善がスムーズにできます。フィードバックの重要な効果の一つはここにあります。

フィードバックで求められるのは、ただ単に振り返ることではなく、それをもと

にすぐに修正や改善をすることです。そういった意味で、フィードバックは単なる振り返りだけでなく、修正・改善までを一つ流れとして捉えておくとよいでしょう。

一つの行動からある結果を得ても、それを次につなげることができなければまったく意味がありません。得た結果を確実に修正や改善につなげていくのです。


学校での試験を例に考えてみるとよくわかります。

精一杯取り組んだ答案が返却されます。そこで、点数を見て「良かった」「悪かった」一喜一憂して「それで終わり」ではまったく意味がありません。ただ喜んだり、落ち込んだり、感情の起伏が生じただけに過ぎません。それでは次にはつながりません。

大事なのは結果を受けて「次はどのように取り組もうか」「何を修正しようか」「どこを高めようか」と考えることなのです。

修正や改善の注意点１　良い点をしっかりと見つめること

フィードバックを修正・改善につなげる上で気をつけてほしいことがあります。

一つ目は**「良い面をしっかりと見る」**ことです。

人はどうしても悪い面に目がいきがちです。悪い面にしか目がいかないと言ってもいいでしょう。ですから、良い面をしっかり見られるように意識しましょう。

それを**習慣化する方法は、普段から良い面を「先に」見るようにすることです。**

出た結果の中には、良い面も悪い面も含まれています。ですから結果を見る際に、良い面を先に見るようにするのです。悪い面は一旦脇に置いてください。

「悪い面ばかりで、何も良い面がない結果だってある」と嘆いてはいけません。良い面がない結果など存在しません。どんな結果であれ、必ず良い面はあるのです。

考えてみてください。「模試の結果が悪かった」としても、結果が出ているということは「体調を崩さずに模試を受けられた」ということでもあります。些細なことではありますが、幸せなことには違いありません。他にも「点数には表れない良かった点」はきっとあるはずです。「いつもより集中して勉強ができた」「学習時間を継続的に増やすことができた」など、どんな些細なことでも良いですから、良い面を探してみるのです。悪く思える結果の中にも、良い面は必ずあります。良い面を見つける達人になってください。

ここでもう一つ付け加えておきましょう。

良い面を見られるようになったら、今度は、なぜその良い結果が出たのかを考える習慣をつけてください。

実は多くの人は、たくさんの時間を、悪い結果が出た理由の考察にかけています。一方、良い結果が出たときには、その理由をあまり深く考えません。よく考えてみるとおかしな話です。

良い結果を次につなげることができれば、次はさらに良い結果を出すことが可能なはずです。**良い結果をしっかりと見つめ、その中から次につながるヒントを見い**

だしましょう。

修正や改善の注意点２　悪い習慣の引き算

二つ目は、**「悪い習慣を引き算する」**ことです。

良い面を見た後は、当然うまくいかなかった面にも目を向けなければなりません。先に述べたように「臭いものには蓋」をしてはいけません。うまくいかなかったという事実にもしっかり向き合いましょう。

考えてほしいのは、悪い結果を引き起こした原因となる「習慣」についてです。たまたま、そのやり方がうまくいかなかったという場合には、ここでは触れません。今回トライした手法や技術が、偶然うまくいかなかったのであれば、それは次回修正をかければ済む話です。表面的な手法や技術は、シンプルにそのやり方を修正すれば済むはずです。そのあたりは具体的な勉強法の本やノウハウ本にゆずりましょう。

ここでは、もっと深い部分、原因の根っこにあるものについて考えてみます。うまくいかなかった原因の、深い部分には一体何があるのでしょうか。

それがあなたの持つ「悪い習慣」です。

あなたの悪い習慣を見直してみましょう。

「習慣」とは、身に付いているもの、意識しなくてもできるもののことです。特に、悪い結果を生む習慣は、知らず知らずのうちに身に付いているので、細心の注意が必要です。

たとえば、「挨拶をしない」「人の話を最後まで聞かない」「わからないことを放っておく」「感謝の気持ちが伝えられない」「気の向くことしかやらない」「字を丁寧に書かない」「反復学習をしない」といったように、さまざまなことが考えられます。

気づいたかと思いますが、ここには**「やらない」という習慣が多く含まれていま**

す。

何かを「やる」というのも習慣ですが、「やらない」ことも、れっきとした習慣なのです。しかも「やらない」習慣は気づきにくいものでもあります。ですから、悪い習慣をしっかりとチェックし、修正をかけなければなりません。

今、あなたの「悪い習慣」は何でしょうか。考えてみてください。

足し算ではなく引き算

悪い習慣の修正には、「引き算」をする方法があります。悪い習慣は「ゴールにとって悪いこと、マイナスなこと」ですから、これを取り除くのです。

引き算という概念はとても重要です。

大抵、人が何か目標を達成しよう、実現しようとする際には、足し算について考えるものです。勉強や仕事の場合は、「知識」「ノウハウ」を、スポーツの場合は「技術」「体力」「ルール」「戦術」を足し算しようとします。

けれど、そこには要らないものや余計なものも存在します。これは足し算だけではどうにもなりません。

たとえば、健康的な生活を送りたいと望んでいる人がいるとします。

食べ物は無添加のものにこだわり、野菜は有機栽培や無農薬のものを選んでいます。栄養のバランスをしっかり考え、カロリーの計算を忘れることもありません。毎日ジョギングを欠かさず、適度な運動もしています。これだけを見れば、非常に健康的な生活を送っているように思えます。

ところがこの人が「煙草を吸い」「大酒を飲み」「夜更かしをしている」としたらどうでしょうか。明らかにおかしいと思うはずです。タバコもお酒も健康には必要のないものです。健康を害する余計なものでしかないのです。

これらの余計なものについては、足し算ばかり考えていても意味がありません。より健康的でありたいと思うなら「引き算」をする必要があるのです。

これが「悪い習慣」を「引き算する」ということです。

この話の中に出てくる「タバコを吸う」「お酒を飲む」といった悪い習慣は、誰が見ても明らかにおかしいと感じるはずです。

しかし、現実には、「足し算ばかり考えて、引き算を考えない」という、おかしな状態になっている人がほとんどなのです。そこには、思考の癖が存在しています。

高校生が勉強をしています。希望の学校に受かるために必死です。計算のスピードは上がり、暗記した語句もどんどん増えていきます。何時間もがんばって勉強して、友達と遊ぶのも我慢しています。これはすばらしいことです。

でも、字を丁寧に書かない、問題を最後まで読まない、見直しをしない、やり直しをしない、といった悪い習慣を持っているとしたらどうでしょうか。間違いなくこれがその子の足を引っ張るでしょう。望む結果が出せないかもしれません。

しかし、これを指摘されたとしても、頑なに止めようとしない人が多いのです。なぜなら、**ほとんどの人に引き算をしようという感覚がないからです。**足し算だけをしていれば、物事は上達するしうまくいくはずだという勘違いがそこにはあるのです。**すべてのことが足し算だけでは済まないことを知りましょう。**引き算をすることによって、悪い習慣を自分の中から取り除き、より効果的な修正や改善をしていくのです。

メリット３　自己満足に陥らない

フィードバックのメリットに話を戻しましょう。フィードバックのメリットの三つ目は、**自己満足に陥らないということです。**物事に取り組んでいて怖いことは、自己満足に浸ってしまうことです。

実際にはうまくいっていないにも関わらず「すべて完璧だ」「何も問題ない」と勘違いをしてしまうのは非常に危険です。何一つできていないままゴールに向かってしまえば、望む結果など出るはずがありません。

フィードバックはそうした自己満足を防ぐ有効な手段となります。

「自己満足」と「自信」はまったくの別物であることを知ってください。自信を持つことは非常に重要です。しかし、**「自信」と「自己満足」は似て非なるものです。**

では「自己満足」と「自信」はどう違うのか。両者の違いは、フィードバックを持つことで「現在地」と「現状」をしっかりと把握しているかどうかにあります。

「自己満足」とは、自分自身のことと周囲の状況との両方が見えていないために起こります。自分自身のことも、自分の置かれている環境もよくわかっていないのです。

「井の中の蛙」という言葉を聞いたことがあるでしょう。井の中の蛙は大海を知らない、つまり外に広がる世界を知らないのです。これは、大局的に自分の置かれている状況や環境を見ることができないことを指しています。

一般的にはここまでですが、もう少し解釈を広げてみましょう。

この蛙は周囲の状況だけでなく、自分のことについてもよくわかっていないのです。自分は一体どこから来たのか、なぜここにいるのか、目指すゴールはどこで、何が好きで何が得意なのか。それらのどれもがわからないままなのです。ですから、井の中の蛙は自己満足に陥っていることになるのです。

自分のことも周囲のこともしっかりと把握できている中で「私はできるんだ、うまくいっている」と思えるのであれば、それは「自己満足」ではなく「自信」だということになります。

フィードバックをしっかり持つことができれば、「自己満足」に陥ることはありません。今自分の現在地はどこでどういう状況なのか、それを把握していくことで、「自己満足」に陥ることを防ぐことができるのです。

フィードバックの具体的方法

ここまでは、フィードバックのメリットについて見てきました。

では次に、どのようなフィードバックが良いのか、その具体的な手法について確認しておきましょう。

まずは**「いつ、誰から、どのように」フィードバックをもらえばいいのかを考え**

ることが必要です。

フィードバックを行うのは「いつ」がよいでしょうか。

ゴールまでのすべてを終えてから振り返るというのではいくらなんでも遅すぎます。一年に一回だけというのも少ないように思います。一週間に一回、二週間に一回、一ヶ月に一回と、自分にとってベストなタイミングを考えましょう。

おすすめは、何か行動を起こしたときに毎回行うフィードバックと、一週間ごとや一ヶ月ごとの定期的なフィードバックを併せて行うやり方です。

これは車の定期点検に似ています。車の点検は、半年に一回、または一年に一回といったような一定期間ごとの点検だけでは不十分です。必ず、毎回運転するたびに点検が必要です。

ですから、勉強であれば、まずはその日のことをしっかり振り返る必要があります。さらに、一週間ごとや一ヶ月ごとといった一定期間ごとのフィードバックを行うようにします。これは一例ですので、「いつ」フィードバックを行うのか、自分にあったタイミングを見つけていくことが大切です。

次に「誰から」フィードバックをもらうかです。主となるのは、「自分から」と「他人から」です。常に、誰にフィードバックをもらえばいいかをしっかり考えておきましょう。

自分でフィードバックを行う場合でも、先に述べた通り、できるだけ客観的視点を意識しておかなければなりません。「今日はなんとなくがんばった気がする」といった感覚的で主観的なものでは不十分です。何らかの「物差し」を持つようにしましょう。

たとえば、勉強の場合、最後に毎回小テストを行うことができます。テストという物差しを使えば、感覚に頼らずにすみます。自分に今どのような実力があり、実際に何点取れるのかといったことが、数値として表れるのです。感覚に頼らないですむように、何らかの物差しを用いて結果を数値化するのです。

他にも、前回までの自分と比較するという方法もあります。前回の自分と比較すれば、具体的なフィードバックが返ってくるでしょう。

また、他人からフィードバックをもらうこともできます。自分で行うフィードバックと比べると手軽だとは言えませんが、より客観的なフィードバックを得ることができるでしょう。

具体的には、自分を指導してくれる先生や先輩、上司などです。適切なフィードバックが期待できますから効果が高い方法だと言えるでしょう。

特に気になる箇所やポイントがあれば、自分から尋ねてみるのも良い方法です。「今日の自分の出来、到達度合いはどのくらいか」「どこがどのように良かったか」「修正するとすればどの点か」など、さまざまなフィードバックを得られるよう努めましょう。

時には相手の主観を尋ねてみるのも良いでしょう。「今の自分を見てどのように感じるか」「今日の自分はどのように見えるか」といったことです。他者からのフィードバックは自分の気づかない点を知る非常に有効な方法です。

「どのように」フィードバックを行うかについては、計測方法や物差しを持つことが重要になります。先に述べた小テストも物差しですし、他人からフィードバックをもらうことも一つの計測方法と言えます。

自分が「今日はしっかりできた」と感じられるのはどうしてなのか、「今日はだめだった」と言えるのはどうしてなのか。その基準を常に考えておきましょう。

物差しなしの判断は、ただの感覚でしかありません。勘と言ってもいいかもしれません。感覚や勘だけで、夢を実現することはできないのです。

常にどのような物差しを用いれば、フィードバックを得ることができるのかを考えるようにしましょう。

腕は磨き続けるものである

あなたがゴールに向かうことは、成長の過程にいるということです。**成長の過程で必要なのは向上し続けることです。**

一度どこかに到達したからといって、そこで終わりというわけではありません。一度上手になったからといって、そこで止めていいわけではありません。腕は磨き続けなければならないのです。

人は怠惰な生き物であるとよく言います。自分を振り返ってみると確かにその通りだと感じます。誰だって同じです。何もしないまま放っておくと、怠惰に向かうのが人というものです。

怠惰であるがゆえに、やらないことを選択するのは簡単です。ですから、フィードバックを行いながら、自分を磨き続けていきましょう。

考えてみてください。使わない筋肉は衰えていくのです。使わない脳はどんどん動かなくなっていくのです。

あなたの腕も同じです。磨かなければ衰えていく。

ですから、あなたはその腕をいつも磨き続けなければなりません。

一度できるようになったら終わり、ではありません。どんなに技術の優れた職人であっても、技術を使わなくなればやはり腕は衰えるのです。

適切なフィードバックを行いながら腕を磨き続けてください。それが人の使命である、あなたの使命であると、私は思っています。

第6章 フラッグは「続かない」を解消する

ゴールまでの道のりは長いものです。目指すものが大きければ大きいほど、その姿は山の遥か向こうにかすんで見えることでしょう。

そうなると、いざ走り出そうとする際に、ぼんやりとかすんで見えるゴールだけを見て進んでいくわけにもいきません。

そこで必要になってくるのは、道の途中に立てるフラッグです。

フラッグとは旗、短期または中期での目標のことです。ゴールよりはサイズの小さいものになるはずですから、スモールゴールと言っても良いでしょう。

大きなゴールを意識しつつも、まずはその手前にあるフラッグを目印にして物事に取り組んでいきましょう。

すべきことを明確にする

小さな旗を立て、それを一つずつクリアしていく。その積み重ねをもってゴールに向かいます。

ゴールがあるにも関わらず、小さな旗をなぜ立てるのでしょうか。

それは「今取り組むべきこと、すべきことが何なのかをはっきりさせる」ためです。

今すべきことがはっきりしていなければ、ゴールを前にしてただ立ち尽くすことしかできません。

特に、大きなゴールであるほど、何をしたらいいのかがわからなくなるものです。ですから、ゴールに向けて「今この瞬間に自分は何をすべきか」をはっきりさせなければなりません。

すべきことが明確になれば、行動は容易になります。

フラッグを立てることで、今すべきことを明確にするのです。

すべきことを「はっきりさせる」とは、物事を「具体的にする」ということです。

つまり、物事の説明がより詳しいこと、情報量が多いことを指しています。

「具体的」の反対は「抽象的」です。抽象的であるとは、物事の概念が大きいこと、一般化されていることを指します。

ここで登場した具体的・抽象的という言葉はとても重要な概念です。少し説明をしておきましょう。

たとえば、「犬」について考えます。

「犬」と聞いて何を思い浮かべますか。犬にもいろいろな種類がありますから、「犬」がカバーしている範囲はかなり広くなります。

そこで「犬」という言葉をより具体的にしてみると、「プードル」「チワワ」「ゴールデン・レトリバー」「柴犬」といったものになります。

「プードル」は、「犬」よりも、毛色や姿形、性格などといった情報がよりいっそう増えたものであるはずです。ですから、「犬」よりも「プードル」の方が具体的であるということになります。

逆に、「犬」をもっと抽象的にしてみましょう。そうすると「哺乳類」といった概念が出てきます。さらに抽象度を上げると「動物」になり、さらにいけば「生物」となるでしょう。

このように、具体的であることはより詳しい情報を伴うものを指し、抽象的であるということはより包括的な概念を指すことがわかります。

では話を戻しましょう。**フラッグを立てることは、すべきことをはっきりさせること、つまり「具体的」にすることです。**事柄が抽象的すぎるとそれに取り組むことが難しいため具体的にする必要があるのです。

人は、物事が抽象的であるとそれに対しての行動がとりにくいのです。

「がんばる」では、がんばれない

「勉強をがんばる」ことを例にして考えてみましょう。

あなたは試験で良い点を取りたいので「勉強をがんばろう」と決意します。

この「がんばる」という言葉はとても抽象的なものです。大きな概念であるわけですから、どのようにがんばるのか、どうすればがんばれるのか、いろいろなやり方や方向性を含んでいるので何をしていいのかがよくわかりません。ですから、もう少し具体的にしなければなりません。「いつ、何を、どのように、がんばるのか」といった具合に、より具体的なものにする必要があるのです。

たとえば、「明日、数学の問題集を10ページやる」というように情報を加えて具体的にしてみます。こうすると、誰が見てもはっきりと行動すべきことがわかるはずです。

人が行動しようとするときには、何をするかが具体的でなければ取り組めないのです。

あなたがサッカー選手になりたいという場合でも同じです。ただ「サッカー選手になりたい、だからがんばる」とだけ考えていても行動することはできません。具体性に欠けるのです。何をしていいのかが見えてきません。

ですから、今すぐにでも行動がとれるように「いつ、何を、どのように」がんばるのかをより具体的にする必要があります。

今日はどんな練習メニューをこなすのか、どのような技術を身につけるのか。それらがわかるような具体性がなければならないのです。

フラッグを立てることは、すべきことを明確化することです。

明確化とは具体化です。

フラッグを立てることで、取り組むべき事柄をより具体的にしていきましょう。

そうすることで、必要な行動を取ることができるようになるのです。

大きすぎるゴールの罠

大きな目標＝ゴールを持つことはすばらしいことです。しかし、ゴールを設定するだけでは願いは叶いません。想像するだけではゴールへ到達できないのです。

もし何もせずに想像だけで願いが叶うなら、おそらくそれは幽霊やお化けなどの仕業になってしまいます。それではただの心霊現象です。
私たちは霊ではありませんし、精神だけの存在でもありません。私たちには体というものがあるのです。脳があり骨格があり筋肉がある。私たちは間違いなく物質的な存在なのです。
物質的な存在である以上、必ずそれを操作しなければなりません。

大きなゴールの罠は、ここに潜んでいます。ゴールを意識しなさいと言われると、ゴールを想像するだけで終わる人がいるのです。つまり、想像だけをして自分では何もしないのです。

私はこれを「星に願いを症候群」と呼んでいます。

言葉の通り、毎晩星を見つめながら「神様どうかお願いします。私の願いをかなえてください」とひたすら祈り続けるのです。
祈ることを否定するわけではありませんが、それ以外のことは何もしないというのではやはり願いは叶いません。

できることやすべきことが目の前にたくさん転がっているにも関わらず、自分では何もしない。それでも願いが叶うと信じている、それが「星に願いを症候群」なのです。

「一流のテニスの選手」になりたい人がいます。その人は、毎日星に向かって願いをかけています。

「どうか一流の選手になれますように」。

ところがこの人は、願うだけ願って他には何もしません。

なんとテニスすらしていません。家でお菓子を食べて、テレビを観て、ゴロゴロしているだけです。

「星に願いを症候群」は、周囲からみるとあまりに馬鹿げていておかしなことに見えるものです。ところが、当の本人はあまりにもおかしいということに、案外気づいていないのです。

笑い話にしか聞こえませんが、現実ではこれもよくあることですから、気をつけなければなりません。

星に願いを症候群にならないためには、ゴールに向けての「行動」が必要です。行動のない達成などあり得ません。ゴールに向けてしっかりと行動しましょう。そのために立てるのがフラッグなのです。

モチベーションを維持するために

非常に大きなゴールは、モチベーションを高めてくれるものであると同時に、モチベーションを低下させるものでもあります。なぜでしょうか。

たとえば、高い山の頂上を目指し登山をするとしましょう。頂上までかなりの距離がありますし、険しい道が続きます。途中、あなたはくじけそうになってしまうかもしれません。そのとき、ゴールである山頂をイメージしてモチベーションを高めようとします。

頂上にたどり着いた幸せな自分をイメージしてみる。そうすると気持ちが蘇ってくるのです。そしてまたあなたは登山を続けます。

道は長いですから、苦しくてあきらめそうな瞬間が何度もやってきます。あなたはゴールを意識し、モチベーションを取り戻そうと、再び、ゴールをイメージしてみます。ところが今度は、うまく気持ちがコントロールできません。むしろモチベーションが低下してしまいました。どうしてでしょうか。

これがゴールの持つ二面性です。ゴールが大きいことは、モチベーションが上がる一方、「もうこんな大きなゴールに到達するのは無理かもしれない」という気持ちを加速させてしまうこともあるのです。

ゴールを見ながらがんばってみたけれど、あまりに目指すものが大きくて遠いものだから、諦めてしまった。あなたも経験があるのではないでしょうか。

確かにそれは、手に入れたいゴールです。たとえそうであっても、くじけそうになることはやはりあるのです。

そこで効果を発揮するのが、小さなゴール、すなわちフラッグです。今の自分に近いところに、フラッグを立てることで、高いモチベーションが維持できるのです。

登山の例であれば、途中にある休憩所や眺めの良いポイントなどが、そのフラッグになり得るでしょう。

もう少し登れば休憩所があるとわかっていれば、ひとまずはそこに向かおうというモチベーションが湧いてきます。眺めの良いポイントがわかっていれば、ひとまずはそこまでがんばろうという気持ちを維持することができます。

フラッグはゴールに比べれば近くにありますから、実現可能だと考えやすく、モチベーションも維持しやすいのです。

このように、ゴールまでにいくつかのフラッグを立てることで、モチベーションを下げずにゴールに向かうことができるのです。

戦略的に戦うために

ゴールまでの道にフラッグを立てることは、戦略的に戦うということをも意味しています。

ゴールまでの道のりは、遠く険しいもの。あなたのゴールが大きければ大きいほど、その険しさは増します。

ですから、やみくもに戦うわけにはいきません。あなたの人生が二度も三度もあれば話は別ですが、そうではないはずです。時間は限られています。やみくもに戦って、だめだったらまた戦えばいいと気楽に構えられるほど余裕はないのです。

だからこそ戦略的に戦うのです。時間のロスを軽減するために、適切な計画と的確な作戦をもって戦うのです。

もちろん戦略が必要なのは、時間が限られているためだけではありません。あなたのやり方があまりにも的外れであれば、時間がいくらあってもゴールにたどり着くことはできません。

事前にしっかりと計画を練り、よりベストな方法で物事に取り組むことが要求されるのです。

フラッグを立てることは戦略的に戦うための一つのステップです。フラッグを立てることで、「計画」と「作戦」を持つ準備が整うのです。

フラッグの立て方とポイント

ここから具体的なフラッグの立て方とそのポイントを見ていきましょう。

ポイントの一つ目は「期限」です。

あなたには大きなゴールがあるはずですから、その期限を確認しましょう。そのゴールはいつまでに達成されるべきでしょうか。

たとえば、大学の入試や入社試験であれば、日付が決まっていますから、わかりやすいはずです。

ゴールの期限がわかったら、どれだけの時間があるのか計算できます。それがあなたの持ち時間です。

フラッグは、あなたの持ち時間をいくつかに分割するものです。週や月、年といったわかりやすい区切りで構いませんから、そこにフラッグを立ててみましょう。

フラッグは一本である必要はありません。区切りは複数あるでしょうから、区切りごとにフラッグを立ててみてください。ゴールまでの過程で、先になんらかの関門があることがわかっている場合は、そこに立ててみればよいでしょう。

入試であれば、一次試験、二次試験、面接、といったようないくつかの通るべき関門があるはずです。最初にわかっているものや今新しく考えてみるものなど、自分が見つけやすい区切りを探し出して、そこにフラッグを立てましょう。

ただし、一日を最小の単位にすると毎日フラッグが立ってしまうことになり、意味がほとんどなくなってしまいます。ですから、毎日の区切りではなく、ある一定の期間、最低でも数日、一週間だとか、一ヶ月だとかといった期間で区切りを入れフラッグを立ててみてください。

重要なのは、日付が数字としてはっきりとわかることです。数字が入っていることとでモチベーションが作りやすいですから、数字や数値を大事にしましょう。期限をしっかり意識し、数値化されたフラッグを立ててみてください。

ポイントの二つ目は、「フラッグの求めるレベル」を知っておくことです。

フラッグという小さな目標を立てたということは、その目標をクリアする必要が当然あります。ある地点に立てた小さな目標をクリアするためには、**どれだけの実力をつけておくべきなのかを知っておかなければなりません。**それが、フラッグが要求するレベルを知っておくということです。

たとえば、入試というゴールまでに模試を何度か受けるとしましょう。ここでは、模試が一つのフラッグです。そのフラッグである模試において、どれだけの点数を取らなければならないかをしっかりと確認するのです。点数を取るためにどれほど実力をつけておかなければならないかを把握しておきましょう。

フラッグが要求してくるレベルがわかっていれば、それまでの過程ですべきことが自然とわかるはずです。

ポイントの三つ目は、「具体的行動」を書き出してみることです。せっかくフラッグを立てたのですから、行動につなげていかなければ意味がありません。できるだけ具体的な行動を書き出しておきましょう。

また、ここではあえて「書き出す」という表現を使っています。単に頭に思い浮かべてみるだけでは行動しないまま終わってしまうことが多いからです。すべきことを具体的に書き出して自分の中ではっきりさせましょう。

ここで大事なのは「行動」です。

行動を書き出すことは、練習メニューを書き出すように、即行動につながる具体的な項目をどんどん書き出していってください。具体化には数値化を意識します。くれぐれも、ただ「がんばる」にならないように気をつけましょう。

勉強であれば、「数学の問題集を100ページ解く」「単語を50個覚える」そういった数字を含んだメニューです。

フラッグはある一定の期間ごとに立てていますから、数日単位、一週間単位といった一定の期間ごとのメニューを書き出してみましょう。

ここまでフラッグを立てる三つのポイントを紹介しました。「期限」「レベル」「具体的行動」です。

フラッグを立てる過程でこれら三つを組み上げていくことが、すでにあなたを戦略家にさせていることに気づいているでしょうか。

戦略とは「計画」や「作戦」を持つことだと述べました。

フラッグを立てることができたあなたは、すでに十分な計画性を持ち、何をどのように取り組むのか作戦を立てたことになるのです。

逆算の思考

戦略的に考えるということについてもう少し詳しく見ていきましょう。

先述の通り、フラッグを立てることで、自ずとあなたの取り組みの中に計画性や作戦がもたらされています。

ここに存在する重要な戦略的思考が「逆算」思考です。フラッグを立てることで、あなたは自然に逆算の思考を手に入れたことになるのです。

逆算思考とは、目標地点から時間の流れを逆さに辿って考えていく思考の方法です。

あなたが一つのフラッグを立てます。フラッグを立てた瞬間から、あなたはフラッグから今の自分に向かってくる時間の流れ、つまり普段とは逆の時間の流れの中に身を投じたことになるのです。

物事を達成しようとするとき、逆算思考は大きな力を発揮します。世の中に存在する戦略と呼ばれるものとその思考法の根底をなすのが、この逆算思考です。

フラッグを立て、逆算思考をする習慣が、あなたに戦略的な思考の土台を与えてくれます。計画も作戦も、逆算思考から生まれるものなのです。

フィードバックとフラッグ

最後に「フィードバック」についても述べておきましょう。前章で紹介した「フィードバック」は、「フラッグ」と非常に相性が良いものです。

あなたが立てたフラッグごとに、フィードバックを持ってみてください。フラッグを立てた地点はフィードバックを持つのに非常に良いタイミングのはずですから、それまでの取り組みを振り返り、修正や改善をすると良いでしょう。モチベーションの面でも、刺激を持つのにはいいタイミングといえます。

特に、フィードバックによって修正点が見えた場合には、「次のフラッグそのもの」に修正を加えても良いでしょう。

フラッグは、あくまでもスタート時に立てる目安であり目印に過ぎません。途中で変えることをためらう理由はありませんから、修正が必要だと感じたら、立てたフラッグにも思い切って手を加えてみてください。

また、修正や改善を意識するときだけがフラッグに手をいれるタイミングではありません。フィードバックを持つことで、新しい気づきや発見があるかもしれません。新しい発見があった際にもフラッグの修正のタイミングです。

おそれることなく自分の思うタイミングでフラッグに変化を与えてみましょう。

フラッグとフィードバックの組み合わせで、あなたのゴールまでの道をより洗練されたものにしていきましょう。

第7章
シェアがあなたに革命をもたらす

ここまでを読んで、夢を実現するためにはさまざまな心構えや思考が必要であることを理解してもらえたのではないかと思います。

最後は「シェア」について見ていきましょう。


シェアとは「共有」することです。

本書のゴールは、あなたが物事に取り組み、そこで結果や成果を出すことです。

勉強であれ仕事であれ、取り組みの中で、結果を出すための心構えや思考法について紹介してきました。ですから「シェア」という言葉は少し意外に感じられるかもしれません。

「勉強は自分ですることではないのか？　自分が自分の力で結果を出すのになぜ共有が必要なのか？」と思った人もいるでしょう。

しかし、シェアは欠かすことのできない、非常に重要な概念なのです。

自分の中では完結しない

「勉強の結果は自分が出すものだし、得た知識も自分の頭にあるし、シェアと言われてもピンとこない」という気持ちはよくわかります。

私も以前は「勉強は自分の中で行われていること。始めから終わりまで、自分の中で完結することだろう」と考えていました。ですから「いかに自分自身の中で勉強をコントロールしていくか」ということだけを考えていたように思います。

しかし、勉強を深めていけばいくほど、そうではないことがわかりました。

勉強は自分の中だけでは完結しないのです。勉強だけに限ったことではありません。

何事においても同じです。**自分の中に始めから終わりが存在し、すべてが自分の中で完結するものなど、実は一つもないのです。**

つながり

勉強をしていく中で、私が感じたことは一体何だったと思いますか。苦しい中でがんばる強い心が必要だということでしょうか。それとも、物事を効率よく進めていく技術が必要だということでしょうか。

確かに、強い心やすぐれた技術も必要です。しかしそれは一部分に過ぎません。もっとも大きな部分、いわゆる最も抽象的で包括的なもの、それは**「つながっているという感覚」、そう「つながり」です。**

人は常に何かとつながっているのです。人は、常に「何か」と何らかの関係性を持っているのです。ある事柄とある事柄の間に存在する「関係性」、それが「つながり」です。

縁

縁という言葉があります。縁とは何でしょうか。

辞書をひくと「人と人とを結ぶ、人力を超えた不思議な力。巡り合わせ」とあります。

またはシンプルに「関係」「つながり」とも書かれています。

仏教では「結果を生ずるための間接的原因や条件」を指します。なんとなくわかるような、わからないような、それが縁という言葉ではないでしょうか。よくわからないけども、日常生活ではそれなりに使っている言葉ではないかと思います。

私たちはこの「縁」でつながって初めて存在できる、そういう生き物です。

それが人なのです。

縁というつながりがなければ、私たちは自分の存在を確認できないかもしれないということです。

では、あなたに質問をしましょう。あなたは一体どういう人ですか。あなた自身について、できるだけ詳しく説明をしてみてください。自己紹介のようなものです。あなたの生い立ちや住んでいる場所、これまでの人生での出来事や思い出、好きなことやきらいなことをできるだけ挙げて、あなたを説明してみてください。たくさんあるでしょうから、紙に書き出せるだけ書いてみてください。

さあ、どんなことが書き出せたでしょうか。たとえばこんな具合でしょうか。
「私は東京都で生まれて、今は神奈川県に住んでいる。父親の名が忠で、母が奈津子、兄は俊介。好きなスポーツはサッカー。運動が得意で、運動会ではいつもリレーの選手として活躍していた思い出がある。飼っている犬の名前はポチで、毎日散歩に連れて行くのが日課だ。好きな食べ物はアイスクリームとチョコレート。ニンジンはきらい」

といった具合に、あなたについてたくさんの説明が書き出せたでしょう。

では、この説明を一つ一つ眺めてみてください。「東京都」「神奈川県」「忠」「奈津子」「俊介」「サッカー」「運動会」「リレーの選手」「ポチ」「アイスクリーム」「チョコレート」「ニンジン」、これらはすべて「あなた」のことではないと気づきましたか。あなたを説明しているのにも関わらず、「あなた」はどこにも出てこないのです。

私たちが自分の存在を証明するためには「他の何か」に頼るしか方法がないのです。他の何かをもってしか、自分が自分であることを証明できない。

そしてここにあるのが「縁」なのです。他人や他のものとの「縁」の中でしか、私たちは生きていられないのです。

確かに「私」は存在しています。体もあるし脳もある。それは事実です。

しかし、**私たちは常に「縁」の中にのみ存在し得る生き物なのです。**

人と人の縁の中で生きていることがわかれば、「つながり」を無視することができないことがわかるでしょう。

私たちの存在がそうであるように、世界の中にはつながっていないものなどありません。すべては縁というつながりの中に存在している。それを感じることができれば、勉強も仕事もつながりの中でしか成立し得ないことがわかるはずです。

ですから「勉強をしているのは自分なのだから、それは私の中だけで完結するものなのだ」というのは、とてもおかしな発想なのです。

勉強がたとえあなたの頭の中で完結されたように思えても、それはどこかで誰かとつながっているのです。

もしあなたが、「勉強は自分だけできればそれでいいのだ」「仕事ができることを独り占めしてやろう」と考えたとしても、それは到底できないことなのです。

物事に取り組む中で重要なことは、つながりを感じることです。

今やっていることが、「何と、誰と、どのように」つながっているのだろうか。

それを感じてみてください。

必ず、今していること、勉強や仕事は、他の誰かに何らかの形でつながっているのです。

つながりからシェアへ

つながりを感じることで「シェア」という概念の重要性が見えてきます。

私たちはつながっている。自分がしている何かは、きっと他の誰かの何かにつながっている。それがわかれば、人と人とがシェアをすることは、ごく自然なことになります。

シェアとは、人と人とがつながろうとする行為そのものだからです。

つながっているからシェアをする、シェアをするからつながることができる。そうしたサイクルそのものがシェアなのです。

また、シェアをすることは、他人の存在を認知することでもあります。縁について述べたように、他人の存在を認めることは、自分の存在をよりはっきりさせることでもあります。シェアは、自分の存在の確認でもあるのです。

仲間とのシェア

何かに取り組んでいく中で、仲間とのシェアは欠かせません。苦しい時、くじけそうな時、仲間に勇気づけられたり、励まされたりといったことは、多くの人が経験しているのではないでしょうか。仲間の存在は大きいものです。

では、そんな心強い仲間とシェアできるものはどんなものがあるでしょうか。それは「応援」「同じ空気」「技術」の三つです。一つずつ順を追って見ていきましょう。

仲間とできる一つ目のシェアは「応援」です。

仲間から応援される、自分もその仲間を応援する、これも一つのシェアの形です。応援し合うことで、お互いが「何かをがんばろうとする気持ち」「目標に向かおうとする気持ち」をシェアしていると言えるでしょう。

ここでの仲間は、同じことに取り組んでいる仲間に限りません。まったく別の世界で別のことをしている仲間でもよいのです。

たとえ同じことに取り組んでいなくても、「何かに一生懸命取り組む気持ち」「苦しいことを越えていこうとする気持ち」「ゴールを達成しようとする気持ち」は同じです。

自分がゴールに向かう意志を持ち、物事に熱心に取り組んでいるのならば、そこにある困難や苦しみを理解できるでしょうから、同じようにがんばる仲間を応援できるはずです。相手の心を汲み取りながら、互いに応援し合いましょう。

応援される人になる

私はよく子どもたちに「応援される人になりなさい」と話しています。

もちろん、一方的に自分だけが声援を受け取りなさい、あなたは他人を応援しなくても良いですから、ということではありません。自分から相手を応援することももちろん大事なシェアの形でしょう。

ですが、ここで述べているのは「周囲の人が応援したくなるような自分になりなさい」ということです。

そうすれば、周囲から自然に応援してもらうことができるのです。相手が望んでするのですから、理想的な形ですし、誰にとっても気持ちの良いことのはずです。

では想像してみてください。

あなたは「その人がどんな人なら」応援したくなりますか。あなたが思うことで構いません。どんな人をあなたは応援したいですか。

たとえば「ネガティブなことを言わずに、前向きにがんばっている人」かもしれませんし「愚痴を言わない人」かもしれません。「出た結果を他人のせいにせず、すべては自分の責任だと受け止められる人」「笑顔を忘れない人」「地味だけれども、コツコツ毎日努力できる人」「周囲に気遣いのできる人」など、いろいろと浮かんでくるのではないでしょうか。そうした応援したい人に「あなたが」なるのです。

あなたから先に応援される人になれれば、応援し合うというシェアが自然に生まれることになります。あなたが応援したい人に自分から先になりましょう。

応援というシェアをし、その応援を自分の力に変えていくのです。

同じ空気のシェア

仲間とシェアできるものの二つ目は「同じ空気」です。

これはただの友人というよりも、同じゴールや志を持っている仲間の間で行われるシェアです。

同じゴールを目指す人は、同じような環境や状況に置かれる可能性が高いはずです。

たとえば、○○大学を受験しようと思えば、「○○大学受験クラス」といったように同じクラスに所属することになります。

同じ目標を目指す人は、同じクラスに所属し、同じ先生に習い、同じ時間を過ごすることになるのです。

そして、そこにあるのが「同じ空気」のシェアです。

空気とはそこに流れる「雰囲気」であり「志」です。ここでは、「高い志」「ゴールに対する高い意識」「強い気持ち」といったものをシェアすることになるでしょう。自分の気持ちを高め、向上していくためには非常に有効なシェアであると言えます。

同じことに取り組む仲間からは、良くも悪くも刺激や影響を受けやすいはずですから、良い方向でのシェアができるよう心がけておきましょう。

間違っても、悪い方向でシェアしてしまっては、同じ場所で同じ空気を吸う意味が薄れてしまいますからね。

技術のシェア

シェアできるものの三つ目は「技術」です。

これが最もわかりやすいシェアかもしれません。たとえば、勉強においては「教え合う」「ノートを見せ合う」といったようなことがそれにあたります。他にも「問題を出し合う」「勉強法のアイディアを出し合う」といったことが考えられるでしょう。技術をシェアし互いに高め合うのです。

お互いの技術の向上に大きな効果があるでしょう。

さて、技術のシェアには二つのポイントがあります。一つは「教え合うこと」、もう一つは「見て学ぶこと」です。

「教え合うこと」は、効果が非常に高いと言われています。これは経験的にも実感のある人が多いでしょう。

考えてみてください。自分ひとりで勉強をして暗記した語句と、仲間と問題を出し合いながら「教え合って」覚えた語句とでは、後々どちらがはっきりと覚えていられると思いますか。

当然のことながら、後者だと答える人が多いのではないでしょうか。教え合って覚えたことは、その時のエピソードなども含めて頭の中に入っていますから、記憶に残りやすいものです。教え合うという方法は効果の高い方法です。

もう一つのポイントは「見て学ぶこと」です。

ミラーニューロンという言葉を聞いたことがあるでしょうか。脳にある神経細胞の一つです。

ミラーニューロンは、他人のある行動を見た時に、自分もその行動をとっているのと同じように脳をはたらかせるのです。まるで鏡のように。

たとえば、あなたの見ている前で、ある人が手を伸ばし机の上にあるバナナを取ろうとしているとしましょう。行動をしているのは他人ですが、自分もその行動をとっているときと同じように脳が動くのです。

別の人がバナナを取るために手を伸ばしているのに、見ているだけのあなたもバナナに手を伸ばすように脳が動く。

ミラーニューロンは、学習においても模倣のような場面で効果を発揮していると言われています。見て学ぶといえばわかりやすいでしょうか。ミラーニューロンのはたらきが「見て学ぶこと」を加速させます。

シェアにより、仲間の技術を見て学ぶのです。

このように、仲間とのシェアで得られるものは多くあります。せっかくいてくれる周囲の友達やライバルを大切にしましょう。そして、シェアという感覚を持ち仲間とともにゴールに向けて進んでいくのです。

類は友を呼ぶ

仲間とのシェアには、特筆すべき点があります。

それは、あなたの志が高ければ高いほど、仲間の志も同じように高いということです。

類は友を呼ぶと言われるように、あなたに合った仲間があなたの前に現れるのです。非常に有意義なことです。

たとえば、プロのミュージシャンになりたいと思っていれば、自然と集まってくる仲間もそういう仲間になります。趣味でいいやと思っている人ではなく、プロになりたいと思っている人が自然と集まってくるのです。

同じように、良い成績を取りたいと思っていれば、やはりそうした仲間が集まるのです。

このことは、あなたの志はできるだけ高い方が良いということをも意味しています。ですから、高い志を持ち、大きなゴールを持って物事に取り組んでいきましょう。

集まってくる仲間も、より次元の高い仲間になりますから、「応援」にしろ「空気」にしろ「技術」にしろ、シェアで得られるものは必ずや大きなものになるでしょう。

仲間とは誰か

仲間とのシェアについて考えてもらいたいのは、仲間とは誰かということです。

仲間と言うとどうしても「自分にとって都合の良い人」だと考えてしまいがちです。自分の言うことを聞いてくれたり、理解してくれたりする人は、付き合うには気分が良いものですから、自分の気分を害することのない、自分にとって「都合の良い人」だけを仲間にしたいと考えてしまいます。

しかし、自分にとって本当に都合の良い人とは「気分を害さない人」のことではありません。「自分の成長を支えてくれる人」のはずです。

あなたが成長できるのであれば、「イヤであろうが」「キライであろうが」その人はあなたにとって都合が良いはずなのです。

自分の成長には欠かせない人こそが、真に自分にとって都合の良い人であるのです。

ですから、ここでいう仲間とは本当の意味での都合の良い人＝「友人」「ライバル」です。

さらには、そのどちらでもない可能性だってあります。「いつも口うるさい隣のおじさん」かもしれませんし「課題をたくさん出すのでみんなから嫌われている数学の先生」かもしれません。

問題はあなたが成長できるかどうかです。好き嫌いが本当の問題ではありません。物事の見かけにだまされてはいけません。

「あなたの成長にとって」都合の良い人をぜひ仲間に加えてください。

シェアに必要なたった一つのこと

仲間とシェアすることについて述べてきました。

しかし、シェアの重要性がわかったとしても、周囲とうまくシェアできなければ意味がありません。

シェアで重要なことは一つだけです。このたった一つのことをあなたが持っていれば、シェアはきっとうまくいくでしょう。

そのたった一つのこと、それは「感謝」です。
シェアには「感謝」の心が必要なのです。

何事にも感謝をしなさいというのはよく言われていることです。よく言われるのですが、なかなかうまくいかない、意識できない、ついつい忘れてしまうのが感謝の心でしょう。

シェアは感謝の心があって初めて成り立つものですから、日頃から感謝することを忘れないでいてほしいと思います。

相手の存在を認める「ありがとう」

シェアをすることは、相手の存在を認めることです。つまり「あなたがそこにいてくれてありがとう」と相手に伝えることです。「ありがとう」という感謝の気持ちが必要なのです。そこにありがとうがなければ、相手を「認める」ところまで辿り着けません。

「あぁ、あなたはそこにいたのね、へえ〜」というのでは、単にあなたの存在を「知る」ことに過ぎません。シェアというのは、相手を知るだけでなく、その存在をきちんと認めることです。

ここでいう「認める」とは「受け入れる」ことです。

ですから、相手の存在を知り、そこに感謝を添えることで相手を受け入れ認めるのです。

相手の存在を受け入れ、認めること。それがシェアをするということです。

「ありがとう」はグリース

感謝を添えることができるなら、あなたと他者との関係は、グリースを与えられた歯車のように円滑に回り出します。

グリースとは潤滑剤のことです。何も塗っていない歯車はギスギスしていてうまく回りません。摩擦抵抗が大きいのです。そこに、感謝というグリースを与えます。するとどうでしょう。歯車同士の抵抗が小さくなり、スムーズに回り始めるのです。

他人というのは、どんなに親しい間柄であってもやはり他人でしかなく、自分とは別の存在です。思い通りにいかないことも、理解できないことも多いのです。むしろ思い通りにいかないことがほとんどだと言ってもいいくらいです。思い通りにいかない憂鬱な存在だけれども、かけがえのない存在であることもまた事実です。だから、感謝なのです。摩擦はゼロにはなりません。

けれども、感謝があれば、摩擦を小さくすることはできるのです。

その他者との唯一の潤滑剤が感謝なのです。

感謝についての注意点があります。

それは親しければ親しいほど、感謝を伝えることが難しいということです。親しい存在、それは親や兄弟、つまり家族です。

家族に感謝を伝えるのが最も難易度の高いことだと知っておきましょう。


常日頃から、家族に感謝を伝えられる人がいるならば、ここでは何も言うことはありません。すばらしいことですから、これからもしっかりそれを続けていってください。


しかし、そうでない人は少しずつでもチャレンジしていきましょう。いきなり明日からありがとうという言葉を連発しなさいとは言いません。まずは、少し離れた関係の人に感謝を伝えてみてはどうでしょうか。

家族以外の関係である友人や知人、先生など、あなたの周りにはまだまだ多くの人がいますから、まずはその人たちに「ありがとう」という感謝の気持ちを伝えてみましょう。

大事なのは、「言葉」にすることです。

思っているだけで伝わるなら、それはエスパーか何かです。あなたがエスパーでないのであれば、きちんと「言葉にする」ことを忘れないでおいてください。「本当は感謝しているのだけれど」「心の中では感謝しています」は最低ラインのことであって、ほとんど100％に近い人ができることです。ですから、必ず言葉にして伝えるのです。

そして「ありがとう」と言葉にして伝えることを習慣化していきましょう。

あなたのシェアの世界はますます広がっていくでしょう。時々は、家族にも感謝の気持ちを言葉にして伝えてみてください。少しずつで良いのです。少しずつ少しずつ、感謝を周囲に伝えられるあなたになっていってください。

シェアがあなたに及ぼすこと

シェアをしていくことで、あなたの世界は確実に広がります。当たり前です。あなたが知らなかったこと、一人では到達し得なかったことが、周囲の人たちとシェアをすることで手に入るのですから。

シェアの意識を常に持ちながら、あなたの世界をどんどん広げていってください。

本書で述べてきたすべてのことが、このシェアによって加速していきます。

ゴールはシェアによってより輝きを増すことでしょう。

シェアは、チェンジする心をあなたに与えてくれるでしょう。

シェアはあなたの力となり、どんなに大きな壁をも乗り越えさせてくれるでしょう。

あなたのフィルターはシェアによってさらに磨かれていき、フィードバックは新しいあなたの姿を見せてくれることでしょう。

シェアをしながら立てたフラッグは、あなたに未来への希望を与えてくれるでしょう。

シェアがあなたに及ぼす影響は計り知れません。つながりを知り、縁を感じながら、そこに感謝を添えることで、あなたの歩む道は今以上にすばらしいものへと変わっていくのです。

おわりに

才能というものは確かにすばらしいものです。世の中を見渡せば、突出した才能を持った人はそれなりにいるものです。いわゆる「天才的」という表現を用いたくなるような才に溢れた人というのは確かにいます。

けれど、それは、決して多くはありません。

大多数は、いわゆる「普通」「平凡」のうちに収まる人であって、決して「天才」ではありません。もちろん、これを書いている私も同じです。

しかし、どんな人であろうと、人にはそれぞれに、必ず「輝ける道」があります。みな違うからこそ、それぞれの夢の実現に向かいます。

どんな夢でもいいのです。

夢は誰に何を言われようとあなただけの夢なのです。

「あなたの輝ける道」を見いだし、追求してほしい。そうした想いでこの本を書きました。

あなたらしい、オリジナルの人生を実現するために、本書が何かのヒントや支えになれば幸いです。

加えてもう一つ、あなた自身も、輝く才能を隠し持っている可能性は高いのです。もし、才能を見つけたときには、その扱い方や能力を発揮させる方法が必要になります。それを知らなければ、せっかくの優れた才能も花開くことなく、いずれは埋もれてしまうでしょう。

その才能を生かすためにも、この本を役立てていただけたらと思います。

最後に、本書の出版にあたり、大変多くの方々に支えていただきました。総合法令出版の齋藤忠さん。いつも優しいお声掛けをいただき感謝しております。ならびに、編集部の時奈津子さん。この本はあなたのおかげで完成したと言っても過言ではありません。ありがとうございます。

また、普段から私をサポートしてくれる本田屋の仲間と子どもたちに感謝を伝えたいと思います。ありがとう。

そして何より、本書を読んでくださったあなたに。ありがとうございます。

二〇一二年十月吉日　　本田篤嗣

本田　篤嗣（ほんだ　あつし）

1975年山口県生まれ。同志社大学経済学部卒。

2005年山口県内に学習塾「みかみ塾 - 本田屋」を展開。開校1年目で100人の生徒を集める。（現在、県内5市にて5教室を経営）

数多くの子ども達を指導するなかで、同じ勉強法を実践しても成績が上がる子と、上がらない子が出てしまうことに疑問を感じる。

独自に研究を重ね、成果を上げる人に共通する7つの考え方（＝ルール）に辿り着く。

自らが経営する塾で、7つのルールをベースとした指導を行い、トップ校への進学率などで著しい効果を上げている。

現在では、多くの若者にこの考え方を知ってほしいと、塾での指導だけに留まらず、小冊子や音楽の制作、講演、メディアへの露出など、幅広く活動している。

本田篤嗣公式サイト
ブログ
http://ameblo.jp/mrhonda/
ホームページ
http://atsushihonda.hondaya-group.com
フェイスブック
http://facebook.com/hondaya.honda

みかみ塾 - 本田屋
http://juku.hondaya-group.com/

18歳からの「夢を実現する人」のルール

2012年11月4日　初版発行

著者　本田 篤嗣

装丁　金井 久幸（TwoThree）
組版　横内 俊彦

発行者　野村 直克
発行所　総合法令出版株式会社
〒107-0052
東京都港区赤坂1-9-15　日本自転車会館2号館7階
電話　03-3584-9821（代）
振替　00140-0-69059

印刷・製本　中央精版印刷株式会社

ISBN978-4-86280-330-6
落丁・乱丁本はお取替えいたします。
総合法令出版ホームページ　http://www.horei.com/